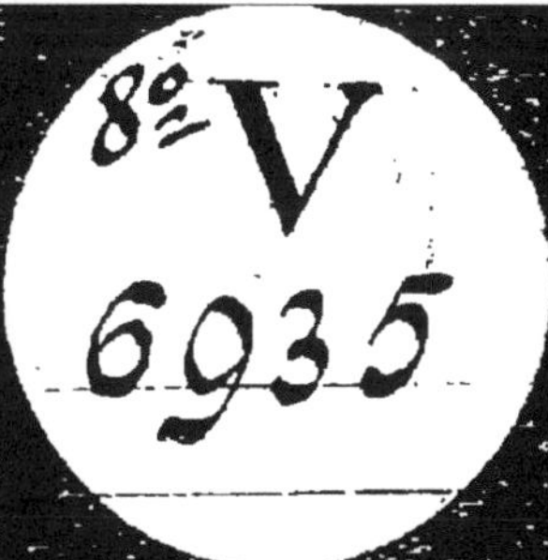
8° V
6935

AF611479

SOCIÉTÉ DES AMIS DES ARTS

DU DÉPARTEMENT DE LA SOMME

29e EXPOSITION

1890

CATALOGUE

AMIENS
TYPOGRAPHIE PITEUX FRÈRES
32, RUE DE LA RÉPUBLIQUE, 32

1890

EXPOSITION DE 1890

SOCIÉTÉ DES AMIS DES ARTS
DU DÉPARTEMENT DE LA SOMME

29e EXPOSITION

1890

CATALOGUE

AMIENS
TYPOGRAPHIE PITEUX FRÈRES
32, RUE DE LA RÉPUBLIQUE, 32

1890

AVIS

L'Exposition sera ouverte tous les jours de 10 heures du matin à 6 heures du soir, du 1er Juin au 16 Juillet 1890.

Toutefois, le Lundi, l'ouverture aura lieu à midi seulement.

Le prix d'entrée est fixé, savoir :

Le Dimanche,	à 0 fr.	25
Les autres jours,	à 0	50

Les personnes accompagnées d'enfants de moins de 6 ans, pourront les introduire gratuitement.

Le dépôt au Vestiaire des cannes et parapluies est obligatoire et gratuit.

PEINTURE.

ADAM (GASTON), né à Paris, élève de Harpignies.

Paris, rue d'Ulm, 25.

1 — Le Clocher de Saint-Privé (Yonne).
2 — Chemin de Village.

(*Voir* DESSINS).

AGESSY (Mᵉ THÉRÈZE JEANNE HENRIETTE D'), née à Libourne (Gironde), élève de Furcy de Lavault.

La Rochelle, rue St-Yon, 16.

3 — Fleurs sur un banc de pierre.
4 — Marguerites et Violettes.

ALLEMAGNE (EDMOND D'), né à Paris, élève de G. Roullet.

Paris, rue du Général Foy, 21.

5 — Rives du Lac de Genève à Emphion-les-Bains (Haute-Savoie).

AMELINE (Théophile), né à Montchaton (Manche), élève de Feuilloy.

M. H. Amiens.

Oisemont (Somme).

6 — Bébé.

ANCILLOTTI (Torello), né à Florence, élève de l'Académie des Beaux-Arts de Florence.

Méd. en province. — Méd. Paris E. U. 1889.

Paris, rue Pigalle, 66.

7 — Conversation intime.
8 — Plage de Reville (Manche).

ANTHONISSEN (Louis), né à Anvers, élève de l'Ecole des Beaux-Arts de Paris.

3e Méd. E. U. 1889.

Paris, rue Visconti, 20.

9 — Habitation de Pêcheurs à Trouville.
10 — Fichu temps.

ARCHAINBAUD (Paul Georges), né à Paris, élève de Jean Paul Laurens.

Paris, rue de Chabrol, 12.

11 — L'Aïeule, — Souvenir du Midi.

ARÓSA (Mlle MARGUERITE), née à Paris, élève de Barrias.

Méd. à Dijon, Evreux. — M. H. à Madrid, Montpellier.

Paris, rue Prony, 5.

12 — Tête d'enfant.

ASSIGNIES (ALBERT D'), né à Montmirez (Jura), élève de Harpignies.

Braus (Jura).

13 — Le Soir aux bords du Doubs.

AXE (JULES DE), né à Paris, élève de Puvis de Chavannes et de Dagnan-Bouveret.

Paris, boulevard Gouvion Saint-Cyr, 23.

14 — Amateur de bibelots.

(*Voir* DESSINS).

AZAMBRE (ETIENNE), né à Paris, élève de Bouguereau et T. Robert-Fleury.

Paris, rue St-Benoit, 20 bis.

15 — Liseuse.
16 — Première Communiante.

BACHIMONT (ERNEST AUGUSTIN), né à Saint-Denis (Seine), élève de J. Lefebvre et Boulanger.

Paris, rue Condorcet, 17.

17 — Nature morte.
18 — Batterie de cuisine.

BALMIER (ALBERT), né à Villeneuve-lès-Avignon.

Mention à Orange.

Paris, rue Hennequin, 55.

19 — Paysage d'automne.

BARABAN (Mlle BLANCHE), née à la Petite-Pierre (Alsace), élève de Henner, Carolus Duran et Furcy de Lavault.

Méd. d'argent et M. H. en province.

Niort (Deux-Sèvres).

20 — Chrysanthèmes.

BARÉ (ÉMILE DE), né à Namur, élève de Ed. Putzeys.

Liège, rue St-Laurent, 117.

21 — La Vallée de Niel (Campine).
22 — Bouleaux ensoleillés.

BARILLOT (LÉON), né à Montigny-lès-Metz (Lorraine), élève de Bonnat.

3e Méd. Paris 1880. — 2e Méd. 1884. — Hors concours. — 1re Méd. d'or E. U. de 1889.

Paris, rue de la Tour d'Auvergne, 16.

23 — Curiosité.
24 — Marais de Ver-sur-mer (Calvados).

BARRANDE (Mlle MARIE), née à Lagny (Seine-et-Marne), élève de Mme Bleu, Mlle Topart, Karl-Robert.

Méd. d'argent 1re cl., Société industrielle 1886. — Méd. de bronze Amiens 1887. — Méd. d'argent Boulogne 1887.

Amiens, boulevard d'Alsace-Lorraine, 75.

25 — Portrait d'Yvonne.
26 — Etude.

(*Voir* DESSINS).

BASTET (TANCRÈDE), né à Grenoble, élève de Cabanel.

Paris, rue du Cherche-Midi, 173.

27 — Portrait de M. H. R.

BATON (ZACHARIE CONSTANT THÉODORE), né à Arras (Pas-de-Calais), élève de J. Lefebvre et G. Boulanger.

Paris, rue de Navarin, 12.

28 — Attendant le retour des bateaux.

BAUBE (VICTOR HENRI LE), né à Montivilliers (Seine-Inférieure), élève de Cormon et A. Sauzay.

Méd. de bronze Rouen 1889.

Paris, boulevard des Batignolles, 82.

29 — Nature morte.

BAURÉ (Pierre Albert), né à Bordeaux, élève de Pradelles, Bouguereau et T. Robert Fleury.

Paris, rue Legendre, 147.

30 — Pont d'Austerlitz (Paris).

BEAUQUESNE (Wilfrid), né à Rennes (Ille-et-Vilaine), élève de Vernet-Lecomte.

Grand Diplôme d'honneur à Londres, etc.

Paris, rue Meslay, 22, *chez M. Moritz*.

31 — Au Champ d'honneur.

BEAUVERIE (Charles Joseph), né à Lyon, élève de l'Ecole des Beaux-Arts et de Gleyre.

Méd. 3e cl. Paris 1877. — 2e cl. 1881. — 2e cl. E. U. 1889

Paris, rue Gabrielle, 29.

32 — Ecluse d'Optevos (Avant la pluie).
33 — Bords du Lignon (Automne).

BÈGUE (René Le), né à Paris.

Paris, rue d'Hauteville, 83.

34 — Sur la plage de Trouville (3 panneaux).

BEKE (Mlle Camille), née à Dunkerque.

Méd. de bronze, Boulogne-sur-Mer. — Méd. d'argent, Londres, Exposition des Lauréats de France. — Méd. de vermeil, Genève, Exposition Philomatique.

Dunkerque, rue Emmery, 21.

35 — Une Omelette au jambon.

BELLANGÉ (Eugène), né à Rouen, élève de Picot et Hte Bellangé.

Méd. et Ment. à Nantes, Rouen, Lyon, Caen, le Hâvre, Boulogne, Porto, Londres, Philadelphie, Vienne et Paris 1889.

Paris, rue de Douai, 57.

36 — L'église de Montreux (Suisse) et les montagnes voisines.
37 — Le retour au pays (Normandie).

BELLET (Auguste Emile), né à Chateaubriant, élève de Cabanel et Jean Paul Laurens.

M. H. Paris 1885.

Paris, rue des Belles-Feuilles, 7.

38 — Par la fenêtre.

BELLYNCK (Hubert Emile), né à Lille, élève de Lehmann, Boulanger et Luc Olivier Merson.

Paris, rue Denfert-Rochereau, 37.

39 — Tableau religieux.
40 — La Vérité.
41 — Paysage.

BENGY (PIERRE DE), né à Bourges, élève de Luminais.

M. H. Paris 1884.

Paris, passage de l'Elysée des Beaux-Arts, 18.

42 — Trop petit !

BENNER (JEAN), né à Mulhouse, élève de Pils.

Hors concours.

Paris, boulevard de Clichy, 71.

43 — Poissons de la Méditerranée.

BERGEROT (Mme LOUISE), née à Paris, élève de E. Petit et Dominique Rozier.

Passy-Paris, rue Franklin, 39.

44 — Chrysanthèmes.
45 — Fruits.

BERNARDO (JOSEPH), né à Venise, élève de Bonnat.

Autun.

46 — La Bottine irréparable.

BERNIER (Cécile), née à Paris, élève de Henry Bonnefoy.

Paris, rue Pigalle, 73.

47 — Fleurs.

BERTHÉLEMY (Pierre Émile), né à Rouen, élève de Léon Cogniet.

Méd. et Diplômes à Rouen, Boulogne, Evreux, Amiens, Alençon, le Hâvre, Périgueux, Porto (Portugal), Montpellier, Boulogne-sur-Mer. — Ment. à Paris, et Ment. E. U. 1889.

Paris, rue Berthe, 13.

48 — Coup de vent (embouchure de l'Orne).
49 — Coup de mer à Arromanches.

BERTHÉLEMY fils, (Valentin Emile), né à Rouen, élève de Berthélemy, Gérôme et Boulanger.

Méd. d'argent Londres, Evreux, Ment. Dijon et Caen.

Paris, rue Berthe, 13.

50 — Intérieur d'église.

BERTHIER (Paul), né à Paris, élève de Harpignies.

Paris, rue Bonaparte, 13.

51 — Vieille fileuse de Perros (Bretagne)
52 — Une cour à Jouy (Eure-et-Loir).

BERTON (PAUL EMILE), né à Chartrettes (Seine-et-Marne), élève de Allongé, Delaunay et Puvis de Chavannes.

M. H. Paris 1885. — Méd. 3e cl. E. U. 1889. — Méd. d'argent à Amiens, etc.

Paris, rue de Constantinople, 21.

53 — Fin novembre (effet du soir).
54 — Chaland au bord de la Seine.

BETTINGER (GUSTAVE), né à Orléans, élève de Boulanger et Lefebvre.

Montmorency (*Seine-et-Oise*).

55 — Un cheval échappé.
56 — La baignade militaire.

BIDAU (EUGÈNE), né à la Roche-sur-Yon (Vendée).

Paris, rue de Rebeval, 62.

57 — Les Pensées.

BINET (ADOLPHE GUSTAVE), né à La Rivière Saint-Sauveur (Calvados), élève de Gérôme.

Méd. 3e cl. Paris 1885. — Méd. 2e cl. E. U. 1889.

Paris, rue des Plantes, 74.

58 — L'Abreuvoir.

BIVA (Paul), né à Paris.

Paris, faubourg St-Denis, 129.

59 — Roses.

BOISLECOMTE (Edmond de), né à Arras, élève de J. P. Laurens et Rivey.

Méd. de vermeil, Amiens, Caen, etc.

Paris, rue Poncelet, 26.

60 — Remontrance.
61 — Fin de journée.

BONNEFOY (Adrien Adolphe), né à Paris, élève de Jean Paul Laurens.

Ment. et Méd. aux Expositions de Versailles.

Paris, rue de Bretonvilliers, 3.

62 — Maisons à Blois.

(*Voir* Dessins).

BONNIVAL (Mlle Louise Elmina de), née à Arras, élève de Constant Dutilleux.

St-Laurent-Blangy.

63 — Les Pêches.

BOQUET (Jules), né à Amiens, élève de Boulanger et J. Lefebvre.

Amiens, rue Porte-Paris, 24.

64 — Inquiétude.
65 — Pauvre femme.

(*Voir* Dessins).

BOREL (Mlle Anna Jeanne Charlotte), née à Lille, élève de Pharaon de Winter.

Lille, boulevard de la Liberté, 121.

66 — Coin de table.

BOREL (Mlle Henriette Marie Evelina), née à Lille, élève de Pharaon de Winter.

Lille, boulevard de la Liberté, 121.

67 — Nature morte.

BORREL (François Marius), né à Paris, élève de Gérôme.

M. H. Paris (Section de gravure).

Paris, rue de Seine, 35-37.

68 — Marée basse à Lorient, rade de guerre (vue prise de l'Hirondelle).

(*Voir* Dessins).

BOUFFAY (Mlle Caroline), née à Reims.

Haubourdin (Nord).

69 — Fleurs de Nice.
70 — Chrysanthèmes.

BOUILLIER (Mlle Amable), née à Simandres (Isère).

Paris, rue de Vaugirard, 33; *Lyon, quai d'Occident,* 6.

71 — Chrysanthèmes.

BOURGAULT-DUCOUDRAY (Henry), né à La Réunion.

Paris, rue d'Orsel, 15.

72 — Marine. Clair de lune. Entrée du Pouliguin (Bretagne).

BOURSIER (Mlle Marthe), née à Creil, élève de L. J. Shonborn.

Creil.

73 — Fleurs.
74 — Nature morte.
75 — Nature morte.

BOUTIOT (Henry), né à Ancy-le-Franc (Yonne).

Troyes (Aube).

76 — Contrexéville (Vosges).

(*Voir* Dessins).

BRÉAUTÉ (Albert), né à Paris, élève de Lehmann, Merson et Cormon.

M. H. Paris, 1889.

Paris, impasse Hélène (avenue de Clichy), 15.

77 — La Modiste.

BRIELMAN (Jacques Alfred), né à Paris, élève de Lavielle.

Méd. 3e cl. — ✿ A. — Méd. de bronze, E. U. 1889. —

Paris, rue de Chabrol, 16.

78 — Le Déjeûner des fleurs.

(*Voir* Dessins).

BRISSOT DE WARVILLE (Félix Saturnin), né à Sens (Yonne), élève de L. Cogniet.

Méd. 2e cl. Paris 1882. — Méd. E. U. 1889.

Versailles, rue Neuve, 17.

79 — Intérieur de bergerie.

BROQUELET (Jean Marie Alfred), né à Abbeville (Somme), élève de Bouguereau et Tony Robert-Fleury.

Paris, rue d'Hauteville, 40.

80 — Etude de fruits.

BROUILHONY (Mlle Julia), née à Paris, élève de Jules Lefebvre et Benjamin Constant.

Méd. d'argent, Niort.

Paris, boulevard Voltaire, 59.

81 — Giroflées.

BRUN (Raoul), né à Bordeaux, élève de Auguin et Baudit.

15 Méd. or, argent et bronze.

Bordeaux, rue de la Trésorerie, 116.

82 — Bords du Bassin d'Arcachon, près La Teste.
83 — Banyuls-sur-Mer (Pyrénées-Orientales).

BRUN (Mlle Nelly), née à Paris, élève de Claude et Landerset.

Paris, faubourg St-Honoré, 155.

84 — Chrysanthèmes.
85 — Panier de fruits.

BUGAREL (Émile Raymond), né à Paris, élève de Luigi Loir.

Neuilly (Seine), rue Garnier, 30.

86 — Une rue à Bonneuil (Seine-et-Oise).

BURGKAN (Mlle BERTHE), née à Paris, élève de J. Lefebvre et Benjamin Constant.

M. H. Paris 1885. — M. H. E. U. 1889.

Paris, rue de Chabrol, 18.

87 — La petite maman.
88 — Une Baraque aux Moulineaux.

CALDERINI (MARC), né à Turin (Italie).

Méd. d'argent Nice 1883 et Barcelone 1888. — Méd. d'or Cologne 1889.

Turin (Italie), rue Rossini, 1.

89 — Vers midi (Montagnes du Piémont).
90 — Le Hameau (Montagnes du Piémont).

(*Voir* DESSINS).

CAMIER (EDMOND), né à Albert.

Amiens, rue Lapostolle, 95.

91 — Une des salles du Musée de Picardie.
92 — Portrait.

(*Voir* DESSINS).

CARL-ROSA (MARIO), né à Loudun.

A.

Paris, faubourg St-Honoré, 30.

93 — Un matin à Domrémy-la-Pucelle.
94 — Matinée d'automne sur les bords de la Sarthe.

CARNE (Charles Désiré de), né à Bailleul (Nord).

Lille, rue Négrier, 64.

95 — Avril (Flandre).
96 — Environs du Mont-noir (Nord).

CAROLUS-DURAN (Emile Auguste), né à Lille.

Méd. Paris 1866, 1869, 1870. — ✻ 1872. — Méd. 2e cl. 1878 (E. U.) — O. ✻ 1878. — Méd. d'honn. 1879. — H. C. — C. ✻.

Paris, passage Stanislas, 11.

97 — Madeleine.

CARPENTIER (Louis Le), né à Paris, élève de Bonnat.

Méd. de vermeil Genève.

Paris, boulevard Malesherbes, 147.

98 — La Lettre anonyme.

CARRÉ-SOUBIRAN (Victor), né à Montereau (Seine-et-Marne).

Paris, rue de Steinkerque, 6.

99 — Une Fantaisie.

CASPERS (Mlle PAULINE), née à Paris, élève de Louis Lemaire et Mlle Hautier.

Méd. d'argent, blanc et noir, Paris 1888.

Nogent-sur-Marne.

100 — Giroflées.
101 — Pensées.

CAUCAUNIER (DENIS), né à Paris, élève de Pils et J. Lefebvre.

Méd. Amiens, Rouen, Rennes.

Bois-Colombes, rue Manoury, 25.

102 — La cigale.
103 — La fourmi.

CHALUS (Mlle CÉCILE), née à Valenciennes, élève de Jules Lefebvre et Benjamin Constant.

Méd. aux Ecoles nationales de Dessin.

Paris, boulevard de la Chapelle, 45.

104 — Tête d'Arabe.
105 — Coquelicots.

(*Voir* DESSINS).

CHANTELAT (Mlle RENÉE HENRIETTE), née à Charenton-le-Pont, élève de Chaplin et Laugée.

Paris, rue Bayeu, 27 *bis*.

106 — Nature morte.

CHARPENTIER (Léon François), né à Méru (Oise), élève de Cabanel et B. Constant.

2e Méd. à Pontivy, Versailles. — Ment. à Dijon, Montpellier, Limoges, Boulogne-sur-mer.

Paris, rue Houdon, 1.

107 — Le petit ramoneur.

(*Voir* Dessins).

CHAUVIER DE LÉON (Georges Ernest), né à Paris, élève de Loubon.

Méd. d'or à Montpellier, Nîmes, Toulon, etc. — ✿ A.

Marseille, rue St-Jacques, 39.

108 — Crépuscule en Camargue (Bouches-du-Rh.).

CHIGOT (Alphonse), né à Graçay, élève de l'Académie de Valenciennes.

Méd. Valenciennes, Montpellier, Nîmes, Châteauroux. — Méd. de vermeil à Dijon.

Valenciennes.

109 — Deuil au retour.
110 — Eclaireur.

CLAVEL (Émile), né à Paris, élève de Kuwasseg.

Suresnes, villa aux Roses.

111 — Les Bords de la montagne (soleil levant).
112 — La Seine à Rouen (le matin).

CLAUDE (Eugène), né à Toulouse.

M. H. Paris 1880. — Méd. 3e cl. 1887. — Méd. 3e cl. E. U. 1889.

Asnières, rue Vieille d'Argenteuil, 88.

113 — Bouquet de Pivoines.
114 — Lilas.

CLIQUOT (Mlle Antoinette), née à Pontoise (Seine-et-Oise), élève de Flandrin et Chaplin.

Méd. d'argent, Versailles 1884. — M. H. Moulins (Allier) 1885.

Nanterre (Seine).

115 — Musique africaine.

(*Voir* Dessins).

COEYLAS (Henry), né à Joinville-le-Pont (Seine), élève de Pils, Boulanger, Jules Lefebvre et Gabriel Ferrier.

M. H. E. U. 1889. — Méd. d'or, Versailles, Rochefort. — Méd. d'argent et bronze Amiens, Dijon, Chaumont, etc.

Paris, rue du Jour, 5.

116 — Gibier perdu.
117 — Portrait de M. M...

COIGNET (Mlle MARIE), née à Honfleur, élève de G. Fouace et E. Lefebvre.

Fécamp, rue de la Cascade.

118 — Pommes.

COLIN-LIBOUR (Mme URANIE), née à Paris, élève de Rude, C. L. Muller et Bonvin.

Méd. bronze et vermeil à Amiens, — M. H. en 1880, M. H. E. U. 1889.

Paris, passage Alfred Stevens, 10.

119 — L'aïeule.

(*Voir* DESSINS).

COLLINET (HENRI), né à Paris, élève de Damoye.

Paris, rue de Malte, 65.

120 — Vieille cour à Dives (Calvados).
121 — L'Yonne à Rosoy (Yonne).

(*Voir* DESSINS).

CONINCK (PIERRE DE), né à Meteren (Nord), élève de Léon Cogniet.

Hors concours avec 3 Méd — Méd. d'argent E. U. 1889. — ✱ 1890.

Amiens, rue Voiture, 25.

122 — Portrait de Mme O.

123 — Portrait de Mme V.
124 — Bébés au bord de la mer jouant à cache-cache (souvenir de Bretagne).

CONINCK (Mlle RÉGINA DE), née à Paris, élève de son père.

Amiens, rue Voiture, 25.

125 — L'Orpheline.
126 — Etude de Cactus (fleurs).

CONSTANTIN (AUGUSTE), né à Paris, élève de Couture.

M. H. Paris. — Méd. en province.

Paris, rue de Lancry, 14.

127 — Gibiers.
128 — Vue de la plaine de Lourdes.

(*Voir* DESSINS).

COROT (Mme, née CHARLOTTE BOUVAIST), née à Abbeville (Somme), élève de Gérard et Bergeret.

Passy-Paris, passage des eaux, 4.

129 — Huîtres et Coquillages.

(*Voir* DESSINS).

COQUELET-MÉREAU (Louis), né à Valenciennes (Nord), élève de J. P. Laurens et Pils.

M. H. Paris.

Paris, rue Notre-Dame-des-Champs, 117.

130 — La pauvre Bouquetière.
131 — Tête de jeune fille (genre Louis XV).
132 — Paysannerie.

COQUELIN (Théodore Charles Ange), né à Odessa (Russie méridionale), élève de Lefebvre et Boulanger.

Paris, rue Chaptal, 6.

133 — Paysage.
134 — Fromage.
135 — Pastèque.

COUTURIER (Philibert Léon), né à Châlon-sur-Saône (Saône-et-Loire), élève de Nicolas Couturier et Picot.

Hors concours à Paris.

St-Quentin (Aisne), quai du port Gayant, 7.

136 — Coq, Poules et Poussins.
137 — Cigogne, Faisan doré, Paon, Coq et Poules.

COUTY (Jean Frédéric), né à Issoudun (Indre), élève de G. Brion et Luminais.

Méd. de 2e cl. Dijon et Versailles.

Paris, rue Lemercier, 69.

138 — Chemin du moulin à Montgiroux (Mayenne).
139 — Giroflées et Primevères.

CRESSON (Georges), né à Paris, élève de Bouguereau, Robert-Fleury et Roberts.

Paris, impasse du Maine, 18 *bis.*

140 — S. Jean-Baptiste.

CROUAN (Mlle Julie), née à Brest (Finistère), élève de A. Colas et Salomé.

Méd. de bronze et d'argent à Amiens. — Méd. d'argent à Brest 1884. — Méd. de vermeil à Pontivy. — M. H. à Nice, Moulins. — 2e Méd. à l'Exp. univ. de Melbourne 1888-89. — 3e Méd. à Rennes.

Lille, rue de la Barre, 42.

141 — Retour du Marché.
142 — Huîtres.

CROWE (Mlle Eyrielle Jeanne), née à Paris.

Paris, rue Duperré, 21.

143 — Roses et Chrysanthèmes.

DAINVILLE (Maurice), né à Paris, élève de Boulanger et J. Lefebvre.

Paris, rue de Fleurus, 35 *bis.*

144 — La Rue de St-Jean-le-Thomas (Manche).

(*Voir* Dessins).

DAMMOUSE (Edouard Alexandre), né à Paris, élève de Bracquemond.

Sèvres.

145 — Soupe aux choux.

DAMME-SYLVA (Emile Emmanuel van), né à Bruxelles.

Méd. vermeil, Epinal 1881. — Dipl. d'honn., Chaumont 1882. — Méd. Port-Adélaïde 1887. — M. H. E. U. de Barcelone 1888.

Bruxelles, rue Van der Linden, 56.

146 — Le Genêt en fleurs.

DANSAERT (Léon).

Ecouen (Seine-et-Oise).

147 — Après dîner.

DARASSE (Georges), né à Paris.

Naples, Paris-Margherita Rione Amédeo, 3, *et à Paris, chez M. Geoffroy, rue d'Aguesseau*, 10.

148 — Le Lézard.

DARDOIZE (Emile), né à Paris.

Ment. Paris 1880.—Méd. 1882.—Méd. 3e cl. E. U. 1889.

Paris, rue Coëtlogon, 4.

149 — A Carolles (Manche).
150 — A Beaulieu (Alpes-Maritimes).

DARIEN (Henry), né à Paris.

Prix de l'Institut, Paris 1889. — M. H. Paris 1889.

Paris, boulevard St-Michel, 113.

151 — Cœurs et suisses.
152 — Pécheur d'anguilles.

DAUPHIN (Eugène), né à Toulon.

M. H. Paris 1887. — 3e Méd. Paris 1888. — Méd. bronze E. U. 1889. — Hors concours.

Paris, rue Jouffroy, 69.

153 — Le matin. Barques de pêche (Méditerranée).
154 — Le golfe de la Ciotat (Provence).

(*Voir* Dessins).

DAVE (Daniel), né à Cambrai (Nord).

Méd. et Dipl. d'honn. en province.

Halluin (Nord) et à Paris, rue Chaptal, 9.

155 — La Halte forcée.

(*Voir* Dessins).

DAVID (Ernest), né à Caen, élève de L. Bonnat.

Méd. Paris, Caen, Saint-Germain.

Paris, rue Fontaine, 37.

156 — Oranges et Violettes.

DEBAT-PONSAN (Edouard Bernard), né à Toulouse, élève de Cabanel.

Hors concours à Paris. — ✱.

Paris, avenue Victor Hugo, 55.

157 — Une Vache bien gardée (scène champêtre).

DEBRAS (Louis), né à Péronne (Somme), élève de Auguste Dehaussy.

M. H. Paris 1863.

Paris, rue Chabrol, 18.

158 — Le cardinal de Richelieu étudiant les projets de bateaux destinés au siège de la Rochelle.

DECAMPS (Albert), né à Allery (Somme), élève de Vollon.

Méd. bronze Amiens. — Méd. argent Boulogne-sur-mer.

Allery.

159 — Seule !
160 — Une Paysanne picarde

(Appartient à M. Louis Roche).

DECLERCQ (Albert), né à Boulogne-sur-mer, élève de H. Bonnefoy.

Méd. d'argent Amiens. — Méd. d'or Boulogne-sur-mer.

Boulogne-sur-mer, rue Victor Hugo, 34.

161 — Au Poste de douane, garenne de St-Frieux près Boulogne-sur-Mer.
162 — Dans le Bassin (Boulogne-sur-mer).

DELANOY (JACQUES), né à Paris, élève de Acloque et Ferey.

Paris, rue des Marais, 89.

163 — Concombres et Fruits.
164 — Pêches, Prunes et Raisins.

DELARUELLE (CAMILLE PIERRE), né à Montdidier, élève de Gérôme.

Paris, rue Scribe, 3.

165 — Vue du village Delaruelle prise de la porte St-Ouen (Paris).
166 — Pêcheuse de Cayeux.

DELSART (ARTHUR), né à Cambrai.

Poissy.

167 — Une ferme en Seine-et-Oise.
168 — Un chemin au printemps.
169 — Un sentier.

DENNERY (GUSTAVE LUCIEN), né à Paris, élève de F. Cormon.

Paris, rue Labruyère, 46.

170 — La pluie à Paris.

DEPRÉ (E.).

Bruxelles, rue des Secours, 28, *à St-Josse-Tenhoode*.

171 — Vue de l'église Notre-Dame de Dinant (Belgique).
172 — Vue de l'ancien Pont des Arches à Liège (Belgique).

DEPRÉ (Albert), né à Paris, élève de Flameng et Février.

Paris, rue d'Aumale, 9.

173 — Environs de Dreux.

DESAUTY (Mlle Henriette), née à Paris, élève de Jules Lefebvre et Benjamin Constant.

Méd. de bronze Paris 1880.

Paris, rue Laffitte, 41.

174 — Vieille mare à Bessonville (Seine-et-Marne).

DESENLIS (Alfred), né à Amiens.

Amiens, rue Desenlis, 2.

175 — Pont du Rialto à Venise.
176 — Moulins à vent près de Rotterdam.
177 — Paysage près d'Ailly-sur-Somme.

DESTREM (Casimir), né à Toulouse, élève de Bonnat.

3e Méd. Paris 1879. — 2e Méd. 1886.

Fontenay-sous-Bois (Seine), avenue Marigny, 28.

178 — Fuite en Egypte.

DESVALLIÈRES (George Ollivier), né à Paris, élève de E. Delaunay, G. Moreau et J. Valadon.

Paris, rue St-Marc, 14.

179 — Chantres de campagne.
180 — Communion.

DEZAUNAY (Emile), né à Nantes, élève de E. Delaunay et Puvis de Chavannes.

Nantes, rue du Bocage, 1.

181 — Vieille grange à Donges (Loire-Inférieure).
182 — Paysage.

DEZOBRY (Arthur Henri Louis), né à Montmorency, élève de Segé, Boulanger et Jules Lefebvre.

Méd. de bronze Amiens 1887.

Montmorency.

183 — Les Bruyères Glandas.

DIELMAN (Marc), né à Bruxelles, élève de Bellis.

Bruxelles, rue du Poinçon, 55.

184 — Fruits.
185 — Grives.

DOERR (CHARLES), né à Paris, élève de Léon Cogniet.

Paris, rue Coustou, 13.

186 — La Levrette en paletot.

Y'a-t'y rien qui vous agace
Comme un' levrette en pal'tot
Quand y'a tant d'gens su' la place
Qui n'ont rien à s'mett' su' l'dos.

(Auguste DE CHATILLON).

DOHLMANN (Mlle AUGUSTA), née à Copenhague, élève de Jean Paul Laurens.

Paris, rue des Beaux-Arts, 1.

187 — Roses de Noël.

DOINEAU (Mlle MARIE LOUISE JEANNE), née à Nice (Alpes-Maritimes), élève de Jules Machard.

Paris, boulevard Magenta, 125.

188 — Une Senorita (étude).
189 — Plage à Carras (Nice).

DONNADIEU (Mlle JEANNE), née à Paris, élève de Feyen-Perrin, Bin et H. Lévy.

M. H. Paris.

Paris, rue Victor Massé, 17.

190 — La cuisson du pain à la Barbinière (Bretagne).

DOTTIN (Charles), né à Paris.

Oissy (Somme).

191 — Une Vocation.

DUBOUCHET (Henri Joseph), né à Lyon, élève de Vibert.

Prix de Rome 1860. — Méd. 1869-1870, etc.

Paris, rue Littré, 5.

192 — Le bain.
193 — Intérieur de cuisine, Cervara (Italie).

DUBOUCHET (Gustave), né à Rome, élève de son père, Sautai et Bouguereau.

M. H. 1888. — M. H. E. U. 1889. — H. C. Cherbourg.

Paris, rue Littré, 5.

194 — Aiglefin et Rougets.
195 — Brioche et Raisins secs.

DUBOUCHET (Mlle Cécile Pauline), née à Paris, élève de son père et de son frère.

Paris, rue Littré, 5.

196 — Part à deux.
197 — Coffret à bijoux.

DUBOY (Mlle MARGUERITE), née à Paris, élève de Saintpierre et Jean Paul Laurens.

Paris, rue Washington, 32.

198 — Plein air.

(*Voir* DESSINS).

DUCHESNE (EMERY), né à Paris, élève de Cabanel et Bonnat.

A.

Paris, rue Labruyère, 18.

199 — Le Missel.

DUPÉRELLE (FRANCISQUE), né à Cournon (Puy-de-Dôme), élève de Besnus.

Paris, rue Debrousse, 4.

200 — Le Trocadéro (soir).
201 — Une vue d'Yport (étude).

DUPONT (ROBERT), né à Amiens, élève de Cormon.

Amiens.

202 — Dans les hortillonnages.

(*Voir* DESSINS).

DURAND (Charles), né à Paris, élève de Boulanger, L. O. Merson et Maillart.

Méd. de bronze à Amiens.

Paris, rue d'Estrées, 6.

203 — Rêvant fortune.
204 — Pour la veillée.

DURST (Auguste), né à Paris, élève de Hébert et Bonnat.

Méd. 2e cl. Paris 1884. — Méd. 2e cl. E. U. 1889.

Puteaux, avenue de la Défense, 51.

205 — Entrée d'une ferme à St-Valery-en-Caux.

DUTHOIT (Adrien Ed.), né à Amiens, élève de son père et de P. V. Galland.

Paris, rue Monge, 77 *bis*.

206 — Giroflée.

(*Voir* Dessins).

DUTHOIT (Paul), né à Lille (Nord), élève de l'Académie de Lille.

Paris, boulevard Malesherbes, 110.

207 — La marche à l'étoile.

DUVAL-GOZLAN (Léon), né à Paris.

Méd. d'argent à Chaumont.

Paris, rue de la Tour d'Auvergne, 41.

208 — Paysage pris aux environs d'Étretat.
209 — Paysage à St-Vaast-de-la-Hougue.

EHRMANN (Mlle Léone), née à Metz, élève de Chaplin et Barrias.

Nancy.

210 — Tête de fillette.

(*Voir* Dessins).

EMERELLE (Albert), né à Amiens.

Paris, rue du Poteau, 24.

211 — Les bords de la Somme.

EYCKEN (Charles Van den), né à Bruxelles, élève de son père.

Amiens, Méd. argent. — Nice E. U. Méd. argent. — Londres Méd. de bronze. — Barcelone. E. U.

Bruxelles, rue Robiano, 85.

212 — Les évadés.
213 — Les Saltimbanques.

FAIVRE (MAXIME), né à Paris, élève de Gérôme et G. Boulanger.

Hors concours à Paris.

Paris, cité Malesherbes, 5 bis.

214 — Blanchisseuse.

FAVARON-MADARÉ (Mme LÉONIE) née à Amiens, élève de Abel Terral et de Mlle Barran.

Péronne.

215 — Sur la plage à Berck.

(*Voir* DESSINS).

FELDTRAPPE (HENRI), né à Paris, élève de Bonnegrace et Jules Lefebvre.

Paris, rue Pelouze, 9.

216 — La porte de Buc aux Loges en Josas (S.-et-O.)

FINES (EUGÈNE), né à Paris, élève de L. Cogniet.

Nantes, passage Guibal, 15.

217 — Marchande de légumes.

FLANDRIN (PAUL), né à Lyon, élève de Ingres.

Méd. de 2e et 1re cl. Paris. — ✻. — Méd. bronze E. U. 1889.

Paris, rue Garancière, 10.

218 — Un groupe d'arbres.

FLEURY (Mme FANNY), née à Paris, élève de Henner et Carolus Duran.

M. H. Paris.

Paris, rue Fontaine, 37.

219 — Le voile noir.
220 — Dans les champs.

FLICK (AUGUSTE EMILE), né à Metz, élève de Meissonnier.

Méd. d'or à Bourges. — 2 Méd. à Dijon. — Méd de 3e cl. à Nice. — 3e Méd. E. U. 1889.

Levallois-Perret (Seine), rue Chaptal, 77.

221 — Grosse mer sur la plage de Dieppe.
222 — Sur la falaise de Fécamp.

FONTAINE (JENNY), née à Arras, élève de Jules Lefebvre et Benjamin Constant.

Arras, rue Sainte-Croix, 7.

223 — Jane Leindhy.

(*Voir* DESSINS).

FONTENAY (ALEXIS DE), né à Paris, élève de Watelet et Hersent.

Dipl d'honn. à Amiens. — Méd. 3e et 2e cl. — 2 rappels à Paris. — Méd. d'argent 1re cl. à Ypres (Belgique) et à Rouen. — H. C. Paris.

Paris.

224 — La montagne le Niésen, et les bords du lac de Thoun (Suisse).

FORGES (JOSEPH), né à Auray (Morbihan), élève de Gosselin.

Paris, impasse du Maine, 18 bis.

225 — Le port d'Auray.

FORTIN (HENRI FRANÇOIS JOSEPH), né à Guise (Aisne), élève de Philibert Léon Couturier.

Guise (Aisne).

226 — Après la bataille.

FOULQUIER (VALENTIN), né à Paris, élève de Jules Dupré.

3e Méd. Paris 1880.

L'Isle-Adam (Seine-et-Oise).

227 — L'abreuvoir.

FOURNERY (FÉLIX), né à Paris, élève de J. Lefebvre et Vollon.

Méd. d'argent Amiens.

Paris, rue Pigalle, 28.

228 — Le père Lamidey (étude).

(*Voir* DESSINS).

FRANCQUEVILLE (JEAN DE), né à Amiens, élève de Bouguereau et Robert Fleury.

Amiens, rue des Augustins, 3.

229 — Bois mort.

FRÈRE (CHARLES EDOUARD), né à Paris, élève de T. Couturier et Ed. Frère.

M. H. Paris 1882. — Méd. 3e cl. 1883. — Méd. 2e cl. 1889.

Paris, boulevard Rochechouart, 57 bis.

230 — Dans la prairie.
231 — Un coin du concours hippique à Paris.

FURCY DE LAVAULT (ALBERT TIBULLE), né à Saint-Genis (Charente-Inférieure).

Méd. en province. — M. H. Paris 1888.

La Rochelle.

232 — La Rochelle (le vieux bassin).

GAGLIARDINI (JULIEN GUSTAVE), né à Mulhouse (Alsace).

M. H. Paris 1883. — Méd. 1884. — 2e Méd. 1886. — Méd. argent E. U. 1889.

Paris, boulevard Clichy, 12.

233 — Le quai du Parti à Toulon (Var).
234 — Au Mourillon près Toulon (Var).

GAMBART (HENRI JEAN), né à Péronne (Somme), élève de J. Lefebvre, Boulanger et Krauck.

M. H. Paris 1882. — Méd. argent Amiens.

Paris, rue Marbeuf, 28.

235 — Sous le porche de St-Germain l'Auxerrois.

GARAUD (Gustave Césaire), né à Toulon, élève de Français.

M. H. et 3e Méd. Paris. — Dipl. d'honn. et Méd. en province et à l'étranger. — O. ✵.

Paris, rue Notre-Dame-des-Champs, 117.

236 — Sous bois, à Valmondois (Seine-et-Oise).

GARDANNE (Auguste), né à Ancône (Italie), de parents français, élève d'Yvon et Pils.

Méd. à Montpellier, Dijon, Pontivy, Toulon et Perpignan.

Levallois-Perret (Seine), rue Poccard, 9.

237 — Combat de cavalerie. (Souvenir de Gravelotte. Août 1870).

(*Voir* Dessins).

GARET (Léon Auguste), né à Artemps (Aisne).

Amiens, rue des Cordeliers, 57.

238 — Liquidation.

GARET (Fernand Jules Joseph), né à Amiens.

Amiens, rue des Cordeliers, 57.

239 — Dunes à Paris-Plage (Pas-de-Calais).

(*Voir* Dessins).

GASSIES (GEORGES), né à Paris.

M. H. Paris. — Méd. 3e cl. E. U. Barcelone 1888.

Chailly-Barberon (Seine-et-Marne).

240 — Chevreuils sous bois (printemps).

(*Voir* DESSINS).

GAUTIER (ALBERT CLÉMENT VALERY), né à Lille (Nord), élève de Boulanger et J. Lefebvre.

2e Méd. Versailles.

Paris, rue Paradis-Poissonnière, chez M. Stal ; Pierre-Blanche, par Châteauneuf-sur-Loire (Loiret).

241 — En rade de Venise (île St-Georges).

GEORGE (EMILE), né à Verviers (Belgique).

Liège (Belgique), quai Mativa, 33.

242 — Coin d'étang.

GEORGET (Mme ELISA), née à Paris.

Farcy-les-Lys (Seine-et-Marne).

243 — Fleurs de Nice.

GEORGET (JEAN CHARLES), né à Paris.

Farcy-les-Lys, près Melun (Seine-et-Marne).

244 — L'automne.

GÉRARD (CHARLES), né à Bruxelles, élève de l'Académie de Bruxelles.

Melle-Gand.

245 — Une mare en Flandre (juillet).

GIBERT (LOUISE), née à Paris, élève de Gibert et Debat-Ponsan.

M. H. Caen.

Paris, rue Amelot, 114.

246 — Chrysanthèmes.
247 — Giroflées.

GIRARD (ALBERT), né à Paris, élève de son père.

H. C. Paris.

Paris, rue de Courcelles, 69.

248 — Le soir (bords de la Seine).

GIRARDET (JULES), né à Paris, élève de Cabanel.

3e Méd. Paris 1881. — Méd. arg. et br. E. U. etc. — O. ✻. — H. C.

Paris.

249 — Après la pêche.

GIRAUD (MARIE), née à Lyon, élève de Loubet.

Lyon, quai de l'Est, 8.

250 — Un vannier.

GITTARD (ALEXANDRE CHARLES), né à Paris.

Paris, rue du Mont-Cenis, 18.

251 — Un vieux pont (bords de l'Huisne).

GLAIZE (JEAN EDOUARD), né à Lorient.

Paris, rue d'Anjou, 4.

252 — Un vallon dans la lande (Bretagne).

GODCHAUX (ALFRED), né à Paris, élève de Courbet et d'Isabey.

Arcachon (Gironde).

253 — Pic de Monin (cascade du Mahoural près Cauterets).
254 — Les rochers de Valières.

GODIN (Mlle MARGUERITE), née à Paris, élève de Boulanger, Bonnat et Jules Lefebvre.

Méd. 3e cl. Paris 1889.

Paris, faubourg Saint-Martin, 96.

255 — Etude.

GOEPP (ALBERT), né à Paris, élève de Dagnan-Bouveret, G. Courtois et Rixens.

Paris, rue Lesueur, 23.

256 — Soleil couchant près Cayeux (Somme).
257 — Une Saulée près Cayeux (Somme).

GOUNIN (Henri), né à Paris, élève de E. Dardoize et Schmitt.

Méd. argent et bronze en province.

Paris, boulevard Saint-Michel, 147.

258 — Marée basse, Villerville (Calvados).
259 — Chemin à Villerville (Calvados).

GOUVERS (Jean Charles), élève de l'École des Beaux-Arts.

Plusieurs méd.

Paris, rue de la Santé, 32.

260 — Ile Baraban.
261 — Fin mai.

(*Voir* Dessins).

GOUY (Mlle Jeanne), née à Doullens (Somme), élève de J. Machard.

Paris, rue Joubert, 23.

262 — Chrysanthèmes.

(*Voir* Dessins).

GRANDVOINNET (Elise), née à Bruxelles élève de Robert Fleury.

Paris, rue Fontaine, 42.

263 — Chrysanthèmes.

GRAY (NICOLAS HENRY DE), né à Gray (Haute-Saône), élève de Léon Cogniet.

Paris, rue de Chabrol, 14.

264 — La Seine à Vernon (Eure).
265 — Un jour de foire à Carhaix (Finistère).

GRIMELUND (JOHANNÈS), né à Kristiania (Norwège), élève de H. Gude.

Méd. E. U. Paris, Philadelphie, Londres, etc. — H. C.

Paris, rue Couston, 8.

266 — Matinée de septembre (bassin de Kattendyck, Anvers).

GUENARD (OCTAVE), né à Amiens, élève de Jules Lefebvre et A. Sauzay.

Méd. bronze Amiens.

Amiens.

267 — Cour de ferme à St-Valery-sur-Somme.
268 — En Mayenne.

GUÉRY (ARMAND), né à Reims (Marne), élève de Rigon et Rapin.

M. H. Paris 1885. — 2 Ment. 5 Méd. en province.

Paris, rue des Dames, 2.

269 — Ruisseau dans les marais, à Orainville-sur-Suippes (Champagne).

GUILLEMET (J.-B. ANTOINE), né à Chantilly (Oise).

Paris, rue Clausel, 6.

270 — St-Suliac (Ille-et-Vilaine).

GUINDON (MARIUS), né à Marseille, élève de E. Loubon.

Méd. or Marseille.

Marseille, rue d'Arcole, 3.

271 — Labourage à Ostia (Italie).
272 — Mozart.

HAAG (JEAN PIERRE), né à Elbeuf (Seine-Inférieure), élève de Edouard Frère.

Ecouen (Seine-et-Oise).

273 — Vue de Rouen des galeries de l'église St-Ouen.

HABERT (EUGÈNE), né à Paris.

Méd. argent Union centrale B.-A. — Méd. bronze Barcelone. — Méd. argent Manchester.

Paris, rue Dulong, 64 bis.

274 — Les images.
275 — Crépuscule.

HAIN (Mlle MARGUERITE), née à Rouen, élève de l'Ecole régionale des Beaux-Arts.

M. H. Langres 1888. — Méd. bronze Rouen 1889.

Rouen, rue Neuve St-Patrice, 9.

276 — Huîtres et rougets.
277 — Rhododendrons.

HALLÉ (CHARLES), né à Paris.

Paris, rue Daguerre, 84.

278 — Intérieur de ferme à Chapondal (Anvers).

HANS (LÉON), né à Paris, élève de Gérôme, Cormon, Benj. Constant.

Paris, rue de la Tour-d'Auvergne, 39.

279 — Cabane de bûcheron à Triel.

HENRIET (FRÉDÉRIC), né à Château-Thierry, élève de Daubigny.

Château-Thierry.

280 — Après la pluie, en novembre.

(*Voir* DESSINS).

HENRIQUET (ALBERTINE), née à Paris.

Neuilly (Seine), avenue du Roule, 96.

281 — Table de cuisine.

(*Voir* DESSINS).

HENRY (Paul), né à Paris, élève de F. Bellanger et Ch. Pipard.

Paris, rue des Pyrénées, 292.

282 — La mère Jacotte.

HÉQUET (Henri).

Amiens, rue Vascosan, 61.

283 — Sujet militaire.

HERBERT (Charles Philbert Célestin), né à Liesse-Notre-Dame (Aisne), élève de Léon Cogniet et de l'Ecole des Beaux-Arts.

Méd. argent Amiens.

Amiens.

284 — Portrait de Mgr Jacquenet, évêque d'Amiens.
285 — Portrait de Mme Ch. H.

HEWITT (Mme Clémence), née à Paris, élève de Eugène Claude.

Asnières, avenue Casimir, 10.

286 — Renoncules.

HODEBERT (Léon Auguste César), né à Saint-Michel-sur-Loire.

Méd. bronze Poitiers, Amiens. — Méd. argent Montpellier, Versailles. — Méd. or Rouen, Lyon.

Paris, rue d'Assas, 90.

287 — Elise.
288 — Femme nue.

HOLLEBEKE (ALPHONSE ANTOINE VAN), né à Beauvais, élève de Tattegrain et Doucet.

Beauvais, rue Saint-Jean, 2.

289 — Prière et repentir.

HOUDARD (CHARLES), né à Neuilly-sur-Seine (Seine), élève de Lefebvre et Boulanger.

Paris, rue Volney, 9.

290 — Bords de l'Oise à Précy.
291 — Le Trieux à Guingamp (Côtes-du-Nord).

HUTIN (CHARLES), né à Paris.

Nombreuses Méd. en province.

Au Parc de Neuilly (Seine), rue de Rouvray, 5.

292 — Les asperges.

HUYSMANS (JEAN-BAPTISTE), né à Anvers, élève du baron Wappers.

2e Méd. Melbourne E. U. 1888-89, Versailles 1889.

Paris, boulevard de Clichy, 71.

293 — Un imbroglio.

IMBERT (Mlle Lucie), née à Lesparre (Gironde), élève de Mme Gadou-Boyer.

Bordeaux, rue Huguerie, 7.

294 — Primevères.

(*Voir* Dessins).

ISAMBART (Emile), né à Besançon, élève de Fanart.

M. H. Paris 1885. — Méd. 3e cl. Paris 1888, E. U. 1889. — 15 Méd. en Province.

Besançon-Beauregard.

295 — Le Doubs près de Besançon.
296 — Vieux moulin près de Quimper (Finistère).
297 — Bords du Doubs à Montferrand.

IWILL (Marie Joseph), élève de Jugelet et Kuwasseg.

Méd. vermeil Amiens.

Paris, quai Voltaire, 11.

298 — Solitude.
299 — Aix (septembre).
300 — L'écueil (Côtes-du-Nord).

(*Voir* Dessins).

JACOBS (Louis A. E.), né à Marseille.

Méd. Boulogne-sur-Mer 1887.

Ixelles, rue Lesbroussort, 104.

301 — Bas Escaut (temps calme).
302 — Canot en Hollande (effet de lune).

JANSSENS (Jacques), né à Anvers.

Diplôme d'honneur Chaumont 1882, Adélaïde 1887 et Melbourne 1888.

Anvers (Belgique), Grand'Place, 15.

303 — Bords de rivière.

JAPY (Louis), né à Berne (Doubs), élève de Français.

Méd. Paris 1870, 1873. — H. C. — Méd. arg. E. U. 1889.

Paris, rue Legendre, 22.

304 — Printemps dans les marais de l'Etoile.
305 — Sur les hauteurs de Pierrepont.

JEANSON (Alfred de), né à Paris, élève de J. Lefebvre et Benjamin Constant.

Paris, boulevard Malesherbes, 190.

306 — La toilette des fleurs de Ste-Wilge (Eglise de Normandie).

JOBERT (Paul), né à Tlemcen (Algérie), élève de J. Bastien Lepage, J. Lefebvre et Benjamin Constant.

M. H. E. U. 1889.

Paris, rue Ballu, 6.

307 — La Seine à Bercy (Paris).
308 — La Seine à Grenelle (Paris).

JOUATTE (Alphonse), né à Paris.

Paris, rue Boccador, 5.

309 — Un petit somme.

(*Voir* Dessins).

JOUVIN (Berthe), née à Paris, élève de J. Lefebvre et B. Constant.

Paris, rue Spontini, 9.

310 — Fruits.

KÉGELJAN (Franz), né à Namur (Belgique.

Bruxelles, rue Thiéfry, 47.

311 — La Vanne (octobre).
312 — A Eyseringen.

(*Voir* Dessins).

KRUG (Edouard), né à Drubec (Calvados), élève de Léon Cogniet.

H. C. Paris.

Paris, boulevard Clichy, 11.

313 — Vache normande.
314 — Portrait de Feyen-Perrin sur son lit de mort.

LABITTE (EUGÈNE LÉON), né à Clermont (Oise), élève de Cormon.

Concarneau (Finistère).

315 — Mousses à la pêche.
316 — Fin de la journée.

LACAUSSADE (JEANNE), née à Paris.

Paris, boulevard Saint-Michel, 64.

317 — Ste-Marguerite-sur-mer.

LACAZETTE (Mlle AMÉLIE), née à la Havane, élève de Carolus Duran et Henner.

Paris, boulevard Haussmann, 165.

318 — Le repos.

LADRAGUE (AUGUSTE), né à Rouen, élève de Lebel.

Rouen, rue Fontenelle, 40.

319 — Le vieux four à filets (Basse-Seine).
320 — A Quatremares, près Rouen.

LALANDE (Mlle LOUISE), née au Mans (Sarthe), élève de Mélin.

Méd. de bronze Caen, Laval, Boulogne-sur-mer. — Méd. d'arg. Amiens et rappel Le Mans, Chaumont, Pontivy.

Paris-Passy, boulevard Suchet, 17.

321 — Lion et lionne de Perse.

LALYRE (ADOLPHE), né à Rouvres (Meuse), élève de l'Ecole des Beaux-Arts et de Puvis de Chavannes.

Méd. 2e cl. Nice 1884. — Méd. 3e cl. E. U. 1889 — O. 1873.

Paris, rue Saint-Paul, 4.

322 — La première relique.

LAMY (ALINE), née à Paris, élève de Krug et Allongé.

Paris, faubourg Poissonnière, 136.

323 — Le moulin du Petit-Saint-Jean (Somme).

(*Voir* DESSINS).

LANDELLE (CHARLES), né à Laval, élève de Paul Delaroche.

3e, 2e, 1re Méd. Paris. — ✻.

Paris, quai Voltaire, 21.

324 — Jeune fille arabe tenant un brûle-parfum (type de Bou-Saada).
325 — Source de Fontana (Auvergne).

LANDRÉ (LOUISE AMÉLIE), née à Paris, élève de Chaplin, Barrias et Foubert.

Paris, faubourg Saint-Honoré, 233.

326 — Diane.
327 — Vue de Port-Navalo.

LANGLOIS (Mme E., née ROELLY JOSÉPHINE CLAIRE), née à Paris, élève de Abel Lucas et Léon Perrault.

Méd. argent Amiens 1884.

Paris, rue Pajou, 18.

328 — Fillette à la source.

LA VILLETTE (Mme ELODIE), née à Strasbourg, élève de Coroller.

Méd. 3e cl. Paris 1875 et Méd. 3e cl. E. U. 1889.

Lorient (Morbihan), rue de Toulon, Nouvelle-Ville.

329 — Panneau de 9 études.

La mer à Kervillers, baie de Quiberon.
Entrée de la petite mer de Gâvres, Port-Louis.
Etude de mer, Dieppe.
Marée montante, Quiberon.
Effet de soleil, Port-Louis (Morbihan).
Marée montante au Portique, Quiberon.
Marée basse à la Trinité-sur-Mer (Morbihan).
Bateaux de pêche à Larmor près Lorient.
Le soir, marée montante à Quiberon.

LAVIROTTE (JEANNE), née à Douai, élève de Mme Vaquez.

Amiens, rue Saint-Geoffroy, 34.

330 — Portrait de M. L***.

(*Voir* DESSINS).

LAYNAUD (Paul), né à Paris, élève de Vollon.

Paris, rue Rochechouart, 67.

331 — Vue du Pont-Marie (Paris).
332 — Vue prise du quai Bourbon (Paris).

LEBLOND (Henri), né à Amiens, élève de Crauck.

Méd. bronze Amiens.

Amiens, rue des Trois-Sausserons, 21.

333 — Pommiers en fleurs.
334 — Portrait de Mlle X.

LECLERCQ (Jeanne Louise), née à Calais, élève de Crochez.

Guines, rue du Temple.

335 — Melon.
336 — Petite liseuse.

LECLERCQ (Louis Antoine), né à Guines, élève de Cabanel.

Méd. bronze Amiens.

Guînes.

337 — Mai.

LECUIT dit MONROY (Paul), né à Paris, élève de Bouguereau et Tony Robert Fleury.

Paris, boulevard Sébastopol, 108.

338 — Roses et géraniums.
339 — Roses.

LEFEBVRE (Georges Edmé Eugène), né à Amiens, élève de Féragu, Herbert et De Coninck.

Amiens, rue Voiture, 29.

340 — Dans les dunes à Etaples.
341 — Vue de la Faloise.
342 — Intérieur chez M. T.... orfèvre à Amiens.

LE FÈVRE (Ernest), né à Rouen.

Méd. verm. arg. et br. Rouen, Caen, Le Hâvre, Alençon.

Rouen, rue Fontenelle, 40.

343 — Les Communaux de St-Pierre de Manneville (Seine-Inférieure).

LEFÈVRE (Hippolyte), né à Aubusson (Creuse), élève de Cagniart.

Méd. vermeil Guéret. — Méd. argent Châteauroux.

Amiens, rue des Vergeaux, 59.

344 — Gibier.

(*Voir* Dessins).

LE GOUT-GÉRARD (Fernand), né à St-Lô.

Paris, rue du 29 *Juillet*, 5.

345 — Honfleur.
346 — Le calme (Honfleur).

LEGOUX (GEORGETTE), née à Amiens, élève de Jules Lhôte.

Amiens, Marché Lanselles, 4.

347 — Portrait du docteur R.
348 — Le laboratoire de mon Père.
349 — Adeline (la petite marchande).

LEFORT DES YLOUSES (HENRI ARTHUR), né au Cateau (Nord), élève de Cabanel.

Neuilly-sur-Seine, avenue de Madrid, 13.

350 — Retour de pêche.

LEGRAND (ALEXANDRE), né à Paris, élève de Léon Cogniet.

Méd. Boulogne-sur-mer, Saint-Quentin, Montpellier. — M. H. Moulins, Lyon, Dijon.

Paris, quai Bourbon, 15.

351 — Pêches, raisin et figues.

LEEMPUTTEN (FRANS VAN), né à Werchler (Belgique).

Méd. 2e cl. Paris (Noir et Blanc) 1883. — Méd. or Amsterdam 1883, Gand 1886, Munich 1888.

Bruxelles, rue Vander Linden, 52.

352 — La causette.

LEHIDEUX (Paul Edouard), né à Brest (Finistère), élève de Edmond Yon.

H. C. Pontivy. — 3e Méd. Rennes 1887.

Brest, rue St-Yves, 19 ; ou Paris, rue de Verneuil, 6.

353 — Le château de Brest.
354 — L'étang du pont près Guisséný (Finistère).

LE LIEPVRE (Maurice), né à Lille (Nord), élève de Hapignies et J.-P. Laurens.

M. H. 1880. — 3e Méd. 1886. — 2e Méd. E. U. 1889.

Paris, rue Notre-Dame-des-Champs, 73.

355 — Un nid de verdure.
356 — Route de Rochecorbon.

LEMAITRE (Mme Marie), née à Paris, élève de Carolus Duran et Henner.

Méd. bronze Boulogne-sur-mer 1888, Londres 1889.

Paris, boulevard de Magenta, 36.

357 — La veuve.
358 — Sperenza.

LEONARD (Emile), né à Paris, élève de Paul Lecomte.

Paris, rue du Mont-Dore, 15.

359 — Le vieux calvaire de Montmartre.

LE PETIT (Alfred Achille Alexandre) né à Aumale (Seine-Inférieure).

Levallois-Perret (*Seine*).

360 — Jeune rat et nouvelle carotte.

LE POITTEVIN (Louis), né à la Neuville-Champ-d'Oisel (Seine-Inférieure), élève de Bouguereau et Tony Robert Fleury.

M. H. Paris 1883. — Méd. 3e cl. Paris 1886. — Méd. 2e cl. Paris 1888. — Méd. 3e cl. Paris E. U. 1889. — Méd. 2e cl. Londres E. U. 1884. — Méd. 3e cl. Nice E. I. — Méd. vermeil, or Rouen. — Argent Amiens, etc. — H. C.

Paris, *rue Monchanin*, 10.

361 — Au bord de l'eau.
362 — Aux champs.

LEQUIEN (Ulysse), né à Sains (Somme), élève de Hébert et Luc Olivier Merson.

Amiens, *boulevard Ducange*, 25.

363 — Portrait de M. T.
364 — Portrait de Mme L.

LE ROY (Hippolyte), né à Liège (Belgique), élève de Canneel et Falguière.

Méd. or et argent Amsterdam, Berlin, Nice, Le Hâvre, Paris, Gand, Cologne, etc.

Rome, piazza Dante, 2.

365 — Quai des Esclavons, soir (Venise).
366 — Rade de Venise.

(*Voir* SCULPTURE).

LE ROYER (LÉON), né à Nancy (Meurthe-et-Moselle), élève de E. Dardoize.

Meaux, faubourg Saint-Remi, 5.

367 — Les blés à St-Jacut de la mer.
368 — Intérieur breton à Morieux (Côtes-du-Nord).

LE SÉNÉCHAL DE KERDRÉORET (GUSTAVE EDOUARD), né à Hennebont (Morbihan), élève de P. A. Cot et Vollon.

M. H. Paris 1881. — Méd. 3e cl. 1883. — Méd. 2e cl. 1888. — Méd. bronze E. U. 1889.

Paris, rue Notre-Dame-des-Champs, 83.

369 — La baie de Cancale (le matin).

LESSORE (HENRI EMILE), né à Paris, élève de Hippolyte Flandrin.

Paris, quai de Gesvres, 2.

370 — Mélancolie (étude).
371 — Jeune fille italienne.

LEVESQUE (EUGÈNE), né à Paris, élève de Boulanger, Ch. Lhullier et J. Lefebvre.

Paris, rue des Dames, 117.

372 — A la fontaine.
373 — Dans les Graves (Villerville).

LÉVÊQUE (EDOUARD FRANÇOIS), né à Amiens élève de Delambre et De Coninck.

Méd. bronze Amiens 1883.

Amiens.

374 — Fin de jour en Picardie.
375 — Souvenirs de Paris-Plage (études).

LÉVY (EMILE), né à Paris, élève de A. de Pujo et Picot.

Grand Prix de Rome. — Méd. Paris 1859. 1864, 1866 — 3e Méd. E. U. 1867. — 1re Méd. E. U. 1878. — ✠ 1867. — Méd. or E. U. 1889.

Paris, boulevard Malesherbes, 199.

376 — Enfants et âne.

(*Voir* DESSINS).

LHOTE (JULES LOUIS MARIE), né à Boulogne-sur-mer, élève de Picot et Verreaux.

Méd. Boulogne, Dunkerque, Amiens, Londres.

Amiens, boulevard de Beauvais, 38.

377 — Bord de rivière à Hailles (Somme).

(*Voir* DESSINS).

LINDEN (FÉLIX JULIEN TER), né à Lodelinsart (Belgique).

Méd. or Cologne.

Bruxelles, avenue des Nerviens, 139.

378 — La liseuse de romans.
379 — En automne.

LIOT (PAUL), né à Paris, élève de Guillemet.

M. H. Paris 1888. — Méd. 1re cl. Dijon 1883.

Paris, rue Saint-Georges, 41.

380 — Temps gris à Lingreville.
381 — Matinée de juin à La Roche-Guyon.

LIZÉ (CHARLES), né à Elbeuf, élève de Gabriel Ferrier et Flameng.

Méd. bronze Amiens. — Vermeil et or Rouen.

Rouen, rue de Crosne, 57.

382 — L'orage (marine).
383 — Ferme en basse Normandie.

LONGEVILLE (EUGÈNE DE), né à Hucqueliers (Pas-de-Calais), élève de Le Tellier et Schenck.

M. H. Amiens 1878. — Méd. br. 1883. — Méd. 1re cl. Londres 1888.

Amiens.

384 — Un étal de poissons.
385 — Chiens de berger (race de la Brie).

LUMINAIS (Evariste), né à Nantes, élève de Léon Cogniet et Troyon.

✻. — H. C. Paris.

Paris, rue de la Faisanderie, 23 *bis.*

386 — Guerrier faisant boire ses chevaux.

LUTSCHER (Fernand), né à Angers, élève de Jules Dauban et E. Brunclair.

Diplôme d'honneur Angers.

Angers, rue de la Blancheraie, 19.

387 — Dans les bois en hiver.
388 — Au printemps.

(*Voir* Dessins).

MAGAUD (Antoine Dominique Jean-Baptiste), né à Marseille (Bouches-du-Rhône), élève de Léon Cogniet.

Méd. Paris 1861. — Rappel 1863. — ✻ 1886. — 5 Dipl. d'honneur et 32 médailles or argent et bronze.

Marseille, rue de la Bibliothèque, 1.

389 — Un doux sommeil.

MAGNE (Alfred), né à Lusignan (Vienne), élève de J. Bertrand et Monginot.

M. H. Paris. — Méd. or et argent Amiens, Poitiers, Versailles, etc.

Paris, rue Bara, 6.

390 — Melon dans un plat d'argent.
391 — Gibiers à plume.

MAIGRET (Georges Edmond), né à Paris, élève de Gérôme.

Paris, rue des Mathurins, 62.

392 — Barques de pêche.

MAILLARD (Emile), né à Amiens, élève de Butin, Renouf, Duez, J. Lefebvre et Boulanger.

Méd. Amiens — M. H. Paris 1888. — M. H. E. U. 1889.

Amiens, rue Flatters, 8.

393 — Le grand bassin à Dunkerque.
394 — Les hortillonages.
395 — Marché aux légumes, à Amiens.
396 — Un coin de Dunkerque.
397 — Dans le grand bassin, à Dunkerque.

MALIVOIR (Eloy Emile), né à Amiens, élève de Letellier.

Amiens, rue Ledieu.

398 — Tête de chien (étude).
399 — Hareng saur.
400 — Environs d'Argœuves.
401 — Imitation tapisserie.

MALLART père (JACQUES JEAN-BAPTISTE), né à Amiens, élève de Fusillier.

Méd. Amiens.

Amiens.

402 — Vues d'Amiens.

MANCEAU (PIERRE), né à la Havane (île de Cuba), élève de G. Roullet, Damoye et L. Loir.

Paris, rue de la Bienfaisance, 2.

403 — Le moulin de Rouillon (Sarthe).

MANGEANT (PAUL EMILE), né à Paris, élève de Gérôme et Antoine Etex.

M. H. Paris 1882, Nice Exp. int. — Méd. argent Versailles 1885. — M. H. E. U. 1889.

Versailles, avenue de Paris, 104.

404 — Sous les lilas.

MANNOURY (AMAND ARSÈNE), né à Paris, élève de Guillemet.

Paris, rue de Chabrol, 18.

405 — Les bords de l'Oise, à Anvers.

MARCHAIS (LUCIEN PAUL GABRIEL), né à Paris, élève de Luigi Loir.

Paris, rue Burcq, 13.

406 — Le Pont-Neuf, à Paris.

MARIUS (Henri), né à Paris, élève de Gérard.

Paris, rue des Trois-Frères, 21, *Montmartre.*

407 — Ustensiles de cuisine.
408 — Fleurs.

MARONIEZ (Georges Philibert Charles), né à Douai, élève de Adrien Demont.

Boulogne-sur-mer, rue Faidherbe, 101.

409 — Sur la plage.

MARTEL (Emile), né à Boulogne-sur-mer, élève d'Henri Bonnefoy et Francis Tattegrain.

Boulogne-sur-mer, rue Grandsire, 14.

410 — Coin de ferme, (environs de Boulogne-sur-mer).

MARTIN (Henri Jean Guillaume), né à Toulouse, élève de J. P. Laurens.

Méd. 1re cl. — Méd. or E. U.

Paris, rue Denfert-Rochereau, 89.

411 — Repentir.
412 — Etude.

MARTINEZ (Gabrielle), née à Paris, élève de Lavielle et Barrias.

M. H. Chateauroux 1888.

Paris, rue de Bruxelles, 30.

413 — Chez le serrurier de Chennevières.
414 — Verger de Normandie.

MAS (Emile), né à Paris, élève de Leloir et Pils.

Paris, rue Denfert-Rochereau, 37.

415 — Le billet de logement.

MASSIAS (Georges Parfait Eugène), né à Paris, élève de Maillard et J. Blanc.

Paris, rue Berthollet, 11.

416 — Jardin en fleurs du Petit Ramponneau, près Orsay (Seine-et-Oise).

MASCART (Gustave), né à Valenciennes (Nord), élève de Durand Brager.

Mentions et Médailles en province.

Paris, rue Tourlaque, 22.

417 — Le Tréport (le port, marée basse).
418 — Le Tréport (la rampe).

MATIGNON (Albert), né à Sablé, élève de Hébert et Boulanger.

Paris.

419 — Etoile (fantaisie).

MAURICE (Mlle Yvonne), née à Tours, élève de Jules Lefebvre et Muraton.

Paris.

420 — La poupée cassée.

(*Voir* Dessins).

MAURIN (Marie), née à Vienne (Isère), élève de Paul Saïn.

Paris, rue Damrémont, 81.

421 — Vue de Lagny-Thorigny.

MAUPASSANT (Gustave de), né à Bernay (Eure), élève de H. Bellangé et Léon Cogniet.

Paris, boulevard des Batignolles, 72.

422 — Châtel-Guyon (Auvergne).
423 — Châtel-Guyon, route de Riom (Auvergne).

MÉDARD (Jules), né à Anzin (Nord).

Médailles en province.

Lyon (Rhône).

424 -- Fleurs.

MÈGE DU MALMONT (René), né à Paris, élève de J. P. Laurens.

Paris.

425 — A l'atelier.

MÉNAGER (HENRI CHARLES), né au Caire (Egypte), élève de Bouguereau, Tony Robert Fleury et Pointelin.

Paris, boulevard de Clichy, 130 ter.

426 — Cours de paysans à Auvers-sur-Oise.

MERLETTE (CHARLES), né à Bourbon-Lancy (Saône-et-Loire), élève de J. Lefebvre, Tony Robert Fleury et Bouguereau.

Paris, rue Lepic, 46.

427 — Retour de reconnaissance.
428 — Un parlementaire.

MICHON (HENRI), élève de Moreau et Le Poittevin.

Freneuse, près Bonnières (Seine-et-Oise).

429 — La Seine à Tripleval (Seine-et-Oise).
430 — Chrysanthèmes.

MIDDELTON (JAMESON), né à Glasgow, élève de Carolus Duran.

M. H. Paris 1888.

Londres.

431 — Retour du marché.

MOISAND (Maurice), né à Paris, élève de Gérôme et L. O. Merson.

Paris, rue Bara, 6.

432 — Recherches.
433 — A l'atelier.

MOISSET (Maurice), né à Paris, élève de J. Lefebvre et Yon.

Paris, avenue de Villiers, 17.

434 — Trèfle incarnat.

(*Voir* Dessins).

MOISSON (Raymond), né à Meudon (Seine-et-Oise), élève de Paul Saïn.

Prix Troyon à l'Institut en 1887. — Méd. argent Nîmes. — Méd. or Londres 1888. — M. H. Paris 1889. — ✿ A. 1890.

Paris, rue de Chazelles, 32.

435 — Aux Martigues (Provence).
436 — Sur le côteau de Sannois.

MOISSONNIER (Mlle Julie), née à Gray (Haute-Saône), élève de Médard, Pizetta et Laurens.

Lyon, place de la Charité, 5.

437 — Fleurs et fruits.

MONCOURT (ALBERT DE), né à Nantua (Ain), élève de Lehmann et L. O. Merson.

Méd. bronze et argent Amiens. — M. H. Paris 1889.

Rue (Somme).

438 — Glaneuse.
439 — Soir de mars.
440 — Sur la Tamise.

MONFALLET (ADOLPHE FRANÇOIS) né à Bordeaux.

Médailles en province.

Paris, rue des Petits-Champs, 95.

441 — La promenade.

MONGINOT (CHARLES), né à Dienville (Aube), élève de Couture.

H. C. Paris.

Paris, rue d'Assas, 84.

442 — Charlotte et ses pigeons.
443 — Prunes à l'eau-de-vie.

MONTHOLON (FRANÇOIS DE), né à Paris, élève de Dardoize, Boulanger et J. Lefebvre.

M. H. E. U. 1889.

Paris, rue des Martyrs, 20.

444 — Chemin dans les dunes.
445 — Sainte-Barbe Morbihan.

MOREAU DE TOURS (GEORGES), né à Ivry-sur-Seine, élève de Cabanel.

M. H. 1878. — 2e Méd. 1879. — 2e Méd. E. U. 1889.

Paris, rue Claude Bernard, 51.

446 — La mort de Pichegru.
447 — Repos du soir.

MORIN (Mlle MATHILDE), née au Vaudreuil (Eure), élève de Borely et Ed. Lebel.

M. H. Rouen 1889.

Rouen, rue aux Juifs, 32.

448 — Fleurs.

MOTELEY (GEORGES JULES), né à Caen, élève de Jules Lefebvre, Boulanger, Doucet et G. Guay.

Paris, faubourg Poissonnière, 183.

449 — Le chemin de l'église.
450 — Effet d'orage à Blécy (Normandie).
451 — La Seine à St-Denis.

MOUSSET (PIERRE), né à Paris, élève de Villa.

Saint-Mandé, Grande rue, 83.

452 — Japonaise au bain.

MOYNIER (LOUIS), né à Paris, élève de Bulin.

Levallois-Perret, rue des Arts, 15.

453 — Marine.
454 — La Seine près Maisons-Laffitte.

NAUTRÉ (Mlle ANDRÉ), née à Paris, élève de Gaston Roullet et Paul Lecomte.

Paris, rue Saint-Honoré, 324.

455 — Une rue de village dans le Blaisois.

(*Voir* DESSINS).

NOIROT (EMILE), né à Roanne (Loire), élève de son père et de Français.

M. H. Paris 1889.

Roanne (Loire), Cours Populle, 8.

456 — Le soir à Jeuvre (Loire).
457 — Solitude.

NOLLIEM (ALEXANDRE FÉLIX), né à Caen (Calvados), élève de Luigi Loir.

Paris, rue Hippolyte Lebas, 6.

458 — Etudes de Roscoff.
459 — Nature morte.

NOZAL (ALEXANDRE), né à Paris, élève de Luminais.

H. C. Paris.

Paris, quai de Passy, 7.

460 — Ravin de la Creuse, à Crozant.
461 — Falaises, vue du Chaudron, à Etretat (Seine-Inférieure).

(*Voir* DESSINS).

ODIER (JACQUES LOUIS), né à Genève, élève de Harpignies.

M. H. Paris 1887. — Méd. 3e cl. 1888. — Rappel E. U. 1889.

Paris, rue Daubigny, 7.

462 — Falaises, à Port en Bessin.
463 — Marine.

OGIER (CHARLES JEAN), né à Nantes (Loire-Inférieure).

Paris, boulevard Montparnasse, 74.

464 — Soleil couchant, à St-Jean de Luz (Pays basque).
465 — La maison du tonnelier, à Arcain (Pays basque).

OLIVETTI (SALVADOR), né à Turin (Italie), élève de Bergeret.

3e Méd. E. U. 1889. — 1re Méd. Dijon, Tours, Le Mans.

Paris, boulevard Beauséjour, 53.

466 — Fleurs et fruits.
467 — Marée.

OTÉMAR (Edouard d'), né à Paris, élève de Giraud.

Méd. 3e cl. Paris 1889. — M. H. E. U. 1889. — A.

Paris, avenue de Villiers, 147.

468 — A la cuisine.

OVERBEKE (Edouard van), né à Bruxelles.

Méd. Cologne et Ostende.

Bruxelles, rue des Deux-Églises, 53.

469 — Intérieur d'étable.

PELOUSE (Léon Germain), né à Pierrelaye (Seine-et-Oise).

Méd. 2e cl. 1873. — Méd. 1re cl. 1876. — Méd. 2e cl. E. U. 1878, ✻. — Méd. 1re cl. E. U. 1889. — H. C.

Paris, rue Poncelet, 26.

470 — Pommiers en fleurs.

PENON (Théodore), né à Boulogne-sur-mer, élève de Henry Bonnefoy.

Méd. bronze Boulogne-sur-mer 1886.

Boulogne-sur-mer, rue Nationale, 10.

471 — La ferme.

PÉPIN (A.), né à la Giberie (Aube), élève de Monginot, Hanoteau et Blanc.

Paris, rue Boissonade, 6.

472 — En août, plaine de la Rothière (Aube).

PÉRATÉ (Mme Teresa), née à Paris, élève de Mlles Fanny Chéron et Jeanne Lapointe.

Paris, rue Delaborde, 44.

473 — Premières fleurs.

PERRÉE (Mme Cl. Marie Berthe), née à Paris, élève de Feyen-Perrin, Krug et Duez.

✿ A.

Paris, boulevard Berthier, 29.

474 — Première parure.

PERRICHON (Georges), né à Paris.

✿ A.

Paris, rue de Passy, 52 ; *Andainville (Oise), chez M. Olivier.*

475 — Bords du Sausseron, à Nesles-la-Vallée (Seine-et-Oise).

PERRIER (Mlle Marie), née à Paris, élève de Mme Colin-Libour, de J. Lefebvre et Benjamin Constant.

Paris, rue Pigalle, 2.

476 — Tahoser.

(*Voir* DESSINS).

PESCADOR-SALDANA (FÉLIX), né à Saragosse, élève de Bonnat.

3e Méd. Paris. — 2e et 3e Méd. Espagne. — 2e Méd. Lille. — M. H. Nice.

Paris, faubourg Saint-Honoré, 64.

477 — Malaguigne.
478 — Rochers de Préfailles.

(*Voir* DESSINS).

PETILLION (JULES), né à Paris, élève de Luigi Loir.

6 Méd. bronze. — 6 Méd. argent. — 3 Méd. vermeil en province.

Paris, boulevard Magenta, 6.

479 — Place de la fontaine, à Herépian (Hérault).
480 — Panneau (4 paysages).

(*Voir* DESSINS).

PETITJEAN (EDMOND), né à Neufchâteau (Vosges).

M. H. Paris 1881. — 3e Méd. 1884. — 2e Méd. 1885. — Méd. argent E. U. 1889. — H. C.

Paris, rue Alfred Stevens, 3.

481 — Anvers.

PEZANT (AYMAR), né à Bayeux (Calvados), élève de Vuillefroy.

M. H. Paris 1883. — Méd. 3e cl. 1888. — M. H. E. U. 1889.

Paris, place Dancourt, 10.

482 — Marais communal (en novembre).

PHILIPPAR (JEANNE), née à Paris, élève de Boulanger, Jules Lefebvre et Benjamin Constant.

Paris, rue Saint-Augustin.

483 — L'éminence rouge.

(*Voir* DESSINS).

PIOT (CATHERIN ERNEST), né à Paris, élève de Bergeret.

Paris, boulevard Péreire, 7.

484 — Lilas, pivoines et roses.
485 — Perdrix et poire à poudre.

(*Voir* DESSINS).

POIRIER (PAUL), né à Paris.

Méd. or Londres. — Méd. arg. Paris, Versailles, Beauvais.

Paris, rue Rodier, 62.

486 — Une cueillette.
487 — Fête de ma tante.

POITEVIN (Eléonore), née à Paris, élève de J. Lefebvre et Benjamin Constant.

Paris, rue de Clichy, 54.

488 — Nature morte.

POLI-MARCHETTI (Mlle Alice), né à Cherchel (Algérie), élève de Jules Lefebvre et Benjamin Constant.

Paris, rue des Vosges, 8.

489 — Jeune Fellah.

POZIER (Jacinthe), né à Paris, élève de Boulanger, J. Lefebvre, Renouf et Doucet.

M. H. Paris 1884. — M. H. E. U. 1889.

Paris, quai de Valmy, 93.

490 — Le clos aux meules, à Eragny-sur-Epte.
491 — Le chemin du lavoir, à Eragny-sur-Epte.

PROVIS (Mme Catherine), élève de Léon Cogniet et Chaplin.

Méd. vermeil Amiens.

Amiens, rue Bellevue, 30.

492 — Portrait de Mlle X.

RABACHE (Julien Louis), né à Paris, élève de Cormon.

Paris, rue d'Irchampt, 10.

493 — Poissons.
494 — Distraction.

RAVANNE (Gustave), né à Meulan (Seine-et-Oise), élève de Bonnat et Cormon.

M. H. Paris 1887. — 3e Méd. E. U. 1889. — 2 Méd. argent Versailles. — Méd. Boulogne-sur-mer.

Paris, rue Cauchois, 3.

495 — Canot de pêche à l'ancre (soleil couchant).
496 — Après la pêche, marée basse, Grandcamp (Calvados).

RAVIER (Jeanne), née à Void (Meuse), élève de Boulanger, Jules Lefebvre et Benjamin Constant.

Paris, rue de l'Arbalète, 38.

497 — Bétina.

RENARD (Mary), né à Colonard (Orne), élève de Paul Saïn.

3 Méd. en province.

Alençon (Orne).

498 — Le chemin du moulin, St-Cénéry (Orne).
499 — La lucarne du moulin du père Baptiste, St-Cénéry (Orne).

RENAULT (Gaston), né à Fontenay-le-Fleury, élève de Bonnat, Bouguereau et Tony Robert Fleury.

M. H. Paris.

Paris, impasse Hélène, 15.

500 — La petite berceuse.

RENAULT DES GRAVIERS (Victor), né à Fontenay-Fleury, élève de Wathmuth et Bouguereau.

Diplôme d'honneur et 1re Méd. argent Rouen. — Méd. en province.

Versailles, rue Richaud, 30.

501 — Loth et ses filles.
502 — Un groupe du bassin du Dragon, Versailles, (grand bassin de Neptune).

REVERSEZ (Gérard), né à Cherisy (Pas-de-Calais).

Airaines.

503 — Les Moyettes (étude).
504 — Paysage d'été (étude).

REY (Mlle Estelle Andrée), née à Paris, élève de F. Barrias et Jules Lefebvre.

M. H. Versailles 1889.

Paris, quai aux Fleurs, 21.

505 — La grand-mère Yvonne (pêcheurs d'Islande).

« Et elle songeait à son cher petit-fils, son dernier !
» en ce moment sur les côtes d'Islande...
» Serait-elle encore-là à son retour ? Une angoisse
» la prenait à cette triste pensée... »

REY (Jean Marie Alfred), né à Péronne (Somme), élève de Delambre et Gérôme.

2 Méd. Amiens.

Péronne.

506 — Avant l'orage.
507 — Chasse à la blérie.
508 — Pêcheuse.

(*Voir* Dessins).

RICHET (Léon), né à Solesmes (Nord).

M. H. Paris 1885. — Méd. 3e cl. 1888.

Paris, rue Rochechouart, 67.

509 — Chaumière normande.
510 — Près Chantilly.

RICHOMME (Jules), né à Paris, élève de Drolling.

Méd. Paris 1862, 1863. — ✻ 1867.

Paris, avenue Trudaine, 31.

511 — Route de Caillollet (environs de Marseille).

RIGOLOT (Albert Gabriel), élève de Pelouse et Allongé.

M. H. Paris 1889. — Méd. or Londres et Rouen. — Méd. argent Paris (Blanc et Noir), Rennes, Perpignan. — Prix Troyon 1889.

Paris, avenue d'Orléans, 52.

512 — Matinée à Senlisse (Seine-et-Oise).
513 — Souvenir de Bretagne.

ROBIQUET (Marie), née à Avranches, élève de Félix Barrias.

M. H. Paris. — Méd. Londres.

Paris, chez M. Bertaux, rue de Clichy, 58.

514 — Hue ! hue !
515 — Dans la montagne.

RODRIGUES (Albin), né à Marseille, élève de Guillemet et Beauverie.

Méd. 3e cl. Boulogne-sur-mer 1887. — Méd. arg. Londres 1888. — Méd. vermeil Genève 1889.

Paris, boulevard Rochechouart, 7.

516 — La chapelle des marins à Concarneau.

ROGER (A.).

Amiens, rue Gresset, 21.

517 — Il va pleuvoir.
518 — Retour de la prairie.
519 — La toilette du chaudron.

ROGER (ALEXANDRE), né à Dinan, élève de L. Delambre.

Amiens, rue Boullet, 5.

520 — Le chemin de Guerbigny.
521 — Le bois d'Aveluy.

ROUGÉ (JULIE DE), née à Paris, élève de Alex. Rapin et Jules Valadon.

Amiens, rue Morgan, 11.

522 — Lilas.

(*Voir* DESSINS).

ROUSSEL (CHARLES), né à Tourcoing (Nord), élève de Cabanel.

Paris.

523 — Chercheuses de vers à marée basse (Berck-sur-mer).

ROUX (PAUL), né à Paris, élève de Cabanel et Harpignies.

A. — Méd. 1re cl. Saint-Germain 1879. — Méd. br. (Blanc et Noir) 1886. — Méd. argent Amiens 1887. — Méd. 3e cl. Dijon 1883.

Paris, rue Pigalle, 21.

524 — Parc de Fontaines-les-Nonnes, près Meaux.

(*Voir* DESSINS).

ROYER (CHARLES), né à Langres (Haute-Marne), élève de Henner.

Méd. en province. — Méd. or Tunis. — Méd. or 1re cl. Londres. — Méd. 1re cl. Genève.

Langres.

525 — Jeune fille à sa toilette.
526 — Le retour du marché.

ROZIER (GENEVIÈVE), née à Paris, élève de Eugène Claude et J. Lefebvre.

Asnières (Seine), rue du Château, 78.

527 — Giroflées sur une pierre.
528 — Grenades.

RUINART (JULES), né à Coblence, élève de l'Académie d'Anvers.

Méd. Nîmes 1888.

Rilly-la-Montagne (Marne).

529 — Leçon de dessin.
530 — Rue d'un village en Catalogne.

SAÏN (PAUL), né à Avignon, élève de Guilbert d'Anelle et Gérôme.

M. H. Paris 1883. — Méd. 3e cl. 1886 — O. ✵ 1887. — Méd. 3e cl. E. U. 1889. — Méd. et Diplômes d'honneur en province.

Paris, rue du Dragon, 33.

531 — La Sarthe à St-Léonard des bois (environs d'Alençon).
532 — La Seine à Draveil (Seine-et-Oise).

SAINT-MAUR (ALBERT EDOUARD DE), né à Auteuil, élève de Gaston Roullet).

Paris, rue de Berri, 42.

533 — Eglise de Cayeux (Somme).
534 — Halte de marchands forains à Cayeux (Somme).

SALANSON (Mlle EUGÉNIE), née à Albert (Somme), élève de Léon Cogniet et Bouguereau.

Médailles en province.

Paris.

535 — La jeune pêcheuse de moules.

SALLES (JULES), né à Nîmes, élève de Delaroche.

Paris, rue des Beaux-Arts, 9.

536 — Marchande de fleurs.

SALLES-WAGNER (Mme ADÉLAÏDE), née à Dresde, élève de Léon Cogniet.

Paris, rue des Beaux-Arts, 9.

537 — Musicienne ambulante.

SALMSON (Hugo), né à Stockholm (Suède), élève de l'Académie royale des Beaux-Arts de Stockholm et de C. Comte.

O. ✼. — H. C. Paris.

Paris, faubourg Saint-Honoré, 235.

538 — Tricoteuse de la Suède.

SARREBOURSE (Mlle Jeanne de), née à Paris.

Méd. br. Amiens 1887. — Méd. verm. 1re cl. Londres 1889.

Chantilly (Oise).

539 — Portrait.
540 — Diane.

SAUTAI (Paul Emile), né à Amiens, élève de Jules Lefebvre et Robert Fleury.

Méd. Paris 1870. — Méd. 2e cl. 1875. — Méd. 3e cl. E. U. 1878. — ✼ 1885. — Méd. or E. U. 1889.

Paris, rue Notre-Dame-des-Champs, 74 *bis.*

541 — Fra Angelico da Fiesole peignant la salle du chapitre du couvent de St-Marc à Florence (esquisse).

SAUVÉ (Désiré Victorin), né à Coisy (Somme), élève de Ch. Crauck, Hébert et Boulanger.

Prix du Jury Amiens 1885.

Paris, impasse du Maine, 18 *bis.*

542 — Ariane abandonnée.
543 — Le fait-divers.
544 — Curieuse.

SAUZAY (ADRIEN JACQUES), né à Paris, élève de A. Pasini.

M. H. Paris 1880. — Méd. 3e cl 1881. — Méd. 2e cl. 1883. — Méd. 3e cl. E. U. 1889.

Paris, rue d'Orsel, 19.

545 — L'étang Desbrosses, automne (Sologne).

SCHMITT (PAUL LÉON FÉLIX), né à Paris, élève de Guillemet.

Méd. 3e cl. Paris 1888, E. U. 1889. — H. C.

Paris, rue Boissonade, 12.

546 — La baignade des Dames, à Dammarie-les-lys (Seine-et-Marne).
547 — Une rue à St-Pol (Pas-de-Calais).

SCHMIDT (LUCIEN LOUIS JEAN-BAPTISTE), né à Miellin (Haute-Saône), élève de H. et P. Flandrin.

M. H. Paris et 15 récompenses en province.

Saint-Quentin (Aisne), rue d'Orléans, 71.

548 — Lièvre et faisan.
549 — Oranges.

SCHULZENHEIM (IDA DE), née à Stockholm, élève de l'Académie des Beaux-Arts à Stockholm et de Jules Lefebvre.

M. H. E. U. 1889.

Paris, rue du Bac, 1 ; *Stockholm (Suède), Stureplan,* 2.

550 — Chien et chat.

SEIGNOL (Claudius), né à Roanne (Loire), élève de Louis Guy.

3e Méd. Lyon 1890. — 1re Méd. Genève 1889.

Lyon, rue Servient, 5.

551 — Le quai de l'Industrie, effet de neige, (Lyon).

SERRES (Antony), né à Bordeaux (Gironde), élève de Villa de Custine.

Dipl. d'honn. et 2 Méd. argent Amiens. — 15 Méd. en province.

Saint-Gratien (Seine-et-Oise).

552 — Marchande de marrons.
553 — Petite vendange.
554 — Un coin de wagon.

SERRIER (Georges), né à Thionville (Lorraine).

Méd argent Beauvais 1885, Boulogne 1887. — M. H. Melbourne 1888.

Paris, rue de Douai, 65.

555 — Un hameau dans la Brie.

(*Voir* Dessins).

SHONBORN (Lewis), né à Nemora (Etats-Unis), élève de Crauck et Bonnat.

Amiens, rue Lemerchier, 4.

556 — Chevaux à l'abreuvoir.
557 — Chez le maréchal.

SIMON (François), né à Marseille, élève d'Aubert-Loubon.

Dipl. d'honn. et Méd. or et argent en province. — O. ✿.

Marseille, quai du Canal, 38.

558 — Bouc, chèvre sur la colline (environs de Marseille).
559 — Porc dans l'étable.

SINET (Louis René Hippolyte), né à Péronne (Somme), élève de T. Couture.

Médailles Niort, Carcassonne, Le Hâvre.

Bruxelles, quai à la chaux, 5.

560 — La correspondance.
561 — L'influenzée.

SINET (Louis Hippolyte André), né à Villennes (Seine-et-Oise).

Paris, rue de Laval, 17.

562 — Eve.

SON (Johannès).

Bourg, faubourg St-Nicolas.

563 — Soleil du matin, à Neuville-sur-Ain.

STECK (Paul Albert), né à Troyes (Aube), élève de Gérôme et Laugée.

Paris, rue Boissonade, 6.

564 — Printemps moderne.

SYLVESTRE (Mlle Marie Elise), née à Segonzac (Charente), élève de Furcy de Lavault.

La Rochelle, rue de l'Escale, 7.

565 — Lilas et primevères.

TABARY (Emile), né à Chaumont-en-Vexin (Oise), élève de Gérôme.

Beauvais, rue Saint-Pierre.

566 — La sortie des mariés (St-Etienne de Beauvais).

TACONET (Mlle Jeanne), née à Orléans, élève de Mlle Devosges et de Bourgogne.

Méd. bronze Dijon 1885. — Méd. arg. 2e cl. Versailles 1885. — Méd. argent 1re cl. 1887.

Versailles.

567 — Un panneau pour paravent.
568 — Fleurs de mai.

TELLE (Marie Joseph Emile), né à Amiens, élève de l'Ecole des Beaux-Arts.

Amiens, petite rue Vascosan, 14.

569 — Dessert.

TENRÉ (Henry), né à St-Germain-en-Laye, élève de Jules Lefebvre, Edm. Yon et Boulanger.

Médaille de bronze Amiens.

Paris, rue Magellan, 12.

570 — La petite famille.
571 — Lettre attendue.

(*Voir* DESSINS).

TEISSIER (Mme JEANNE LOUISE), née à Paris, élève de Furcy de Lavault.

La Rochelle.

572 — Pêches et prunes.

THIBEAUDEAU (JULIEN), né à Breloux (Deux-Sèvres), élève de Gérôme et Combe-Velluet.

M. H. Paris 1888.

Paris, rue Notre-Dame-des-Champs, 83.

573 — Le coin favori (après déjeuner).
574 — Dans une chapelle bretonne (un jour de pardon).

TIMMERMANS (LOUIS), né à Bruxelles, élève de l'École des Beaux-Arts et de Portaels.

Méd. or Arcachon. — Méd. argent et vermeil Versailles; — Méd. bronze Nîmes et Pontivy, etc.

Paris, rue Aumont-Thiéville, 2.

575 — Le port de Rouen (matin).
576 — La Seine au pont de la Concorde (soir).

(*Voir* DESSINS).

THOMAS (Charles Armand), né à Paris, élève de V. Leclaire.

M. H. Paris 1882. — Méd. 3e cl. 1886. — M. H. E. U. 1889.

Paris, rue de Navarin, 12.

577 — Chrysanthèmes.

TINEL (Mme Jeanne), née à Paris, élève de Léon Perrault.

Méd. argent Boulogne-sur-mer.

Paris, rue Condorcet, 40.

578 — Le goûter.

TORTA (Tony), né à Paris, élève de Cabanel.

Paris, quai Valmy, 57.

579 — Pavots et Iris.

TRIQUET (Jules Octave), né à Paris, élève de Bouguereau et Tony Robert Fleury.

Paris, rue Sainte-Appolline, 9.

580 — La hutte.
581 — La cueillette.

TRONEL (E.-C.), élève de G. Boulanger et J. Lefebvre.

582 — A la côte.
583 — Un chantier, à Ysselmunde (Hollande).

TROUILLOUD (Mlle MARIE), née à Paris, élève de Krug.

Paris, cité Malesherbes, 9.

584 — Pensées.

TULPINCK (CAMILLE), né à Bruges.

Bruges, rue Wallonne, 1.

585 — Fleurs.
586 — Fruits.

UMBRICHT (HONORÉ), né à Obernai (Alsace), élève de Bonnat.

Méd. or Paris. — M. H. E. U. 1889.

Paris, rue Lemercier, 30.

587 — Cerises.

VALCKENAERE (LÉON), né à Bruges.

Méd. Rotterdam, Liège, Boulogne et Cologne.

Bruxelles.

588 — La plage de Nieuport.
589 — Le vieux port de Flessingue.

VAN DEN BOS (GEORGES PIERRE MARIE).

M. H. Paris. — Méd. or Belgique.

Paris, rue de Douai, 63.

590 — Les chéris.

VAN DEN HOVE (Frantz).

Diest (Belgique).

591 — Le canal des Grecs à Venise.
592 — L'hôpital civil à Venise.

VARDON (Théagène Evariste), né à Lyons-la-Forêt (Eure), élève de P. Delaunay, Ed. Lebel, Gérôme et J. Lefebvre.

Méd. Rouen 1889.

Paris, rue Nationale, 155.

593 — Etude de bouc (en Normandie).

VAUZANGES (Louis Marie), né à Tulle (Corrèze), élève de Humbert, Gervex et Saint-pierre.

Paris, boulevard des Batignolles, 66.

594 — Raisins.
595 — A la cuisine.

(*Voir* Dessins).

VEILLON (René), né à Mortagne (Orne), élève de A. Veillon et P. Saïn.

Prix Brizard (Institut) Paris 1888. — Médailles d'argent et de bronze en province.

Au Val, près Circy (Meurthe-et-Moselle).

596 — Bords de la Sarthe (Orne).
597 — Moulin à Quéronné, près Alençon (Orne).

VERRIMST (Louis Frédéric), né à Paris, élève de Ch. Sauvageot et H. Lehmann.

Paris, rue Fontaine, 34.

598 — Vue prise à Briare (Loiret).

VERVLOET (Victor), Professeur de perspective à l'Académie royale des Beaux-Arts, né à Malines, élève de Van Moer.

52 Médailles et Diplômes en province.

Malines, rue des Tanneurs, 29.

599 — Ancienne demeure des Ecouteles à Malines.
600 — Le quai du Rosane à Bruges (hiver).

VIANELLI (Albert), né à Naples (Italie), élève de son père, de Jules Lefebvre et Boulanger.

Méd. argent et vermeil Amiens. — 3e Méd. E. U. 1889.

Paris.

601 — Femmes au puit (Venise).
602 — Les orphelines.

VILLARS (Frantz de), né à Nonancourt (Eure), élève de Kuwasseg.

Paris, rue Nollet, 98.

603 — Marine, effet de ressac (Suède).
604 — Marine.

VILLARS-KRAFFT (Laurence), née à Neuilly (Seine), élève de Krug et Feyen-Perrin.

Paris, boulevard Rochechouart, 68.

605 — Au retour de la crêche.

VILLAIN (Georges), né à Paris, élève de Benjamin Constant.

Paris, rue d'Amsterdam, 77.

606 — La dame aux camélias.
607 — Vieille chapelle en Bretagne.

(*Voir* Dessins).

VILLEBESSEYX (Mme Jenny), née à Lyon (Rhône), élève de Ph. Rousseau et Aimé Millet.

M. H. Paris. — M. H. E. U. 1889. — Méd. or Rouen, Evreux. — Méd. argent Amiens.

Paris, rue Victor Massé, 26.

608 — Pêches et raisins.

VINCENDON (Marie Berthe), née à Charleville (Ardennes), élève de F. Willème, Jules Lefebvre et Benjamin Constant.

Lamoncelle, près Sedan (Ardennes).

609 — Panier de pommes.
610 — Chrysanthèmes.

VORUZ (BERTHE), née à Nantes, élève de Chantron.

3e Méd. Rennes 1887. — Méd. arg. 1re cl. Londres 1888.

Nantes, rue Linné.

611 — Etude.

WAILHOECK-ROLIN (LÉONIE), née à Gand, élève de César de Cock.

Gand, boulevard Léopold, 35.

612 — Automne.
613 — Intérieur de ferme en Flandre.

WATELIN (LOUIS VICTOR), né à Paris, élève de Diaz.

Méd. 3e cl. Paris 1876. — Méd. 2e cl. 1888. — 3e Méd. E. U. 1889. — H. C.

Paris, boulevard Péreire, 59.

614 — Mare dans la forêt de Fontainebleau.

WÉBER (THÉODORE), peintre du Ministère de la Marine et des colonies.

Paris, rue des Martyrs, 37.

615 — Vieilles murailles d'enceinte de Constantinople.
616 — Bains de Vaucuttes près Yport.

WESTFELT (INGEBORGDE), né à Stockholm.

1re Méd. Arcachon. — 2e Méd. Versailles.

Paris, rue de la Grande-Chaumière, 8.

617 — Au boudoir.

(*Voir* DESSINS).

WYTSMANS (R.), né à Termonde.

Méd. Cologne.

Bruxelles, rue du Berceau, 6.

618 — Le clocher (la Hulpe Brabant).
619 — Automne (étang de la Hulpe).

YARZ (EDMOND), né à Toulouse.

3e Méd. Paris. — 2e Méd. E. U. 1889.

Paris, rue Lemercier, 15.

620 — Sous les saules.

ZACHARIE (PHILIPPE ERNEST), né à Radepont (Eure), élève de J.-B.-A. Guillemet.

Méd. 3e cl. Paris 1883. — Méd. or et argent en province. — Prix de l'Académie de Rouen 1884.

Rouen.

621 — Le repos du modèle.

ZAMACOÏS (Miguel), né à Louveciennes (Seine-et-Oise), élève de Gérôme et Lefebvre.

Paris, rue de Tocqueville, 4.

622 — L'averse.

ZUBER (Jean Henri), né à Rixheim (Alsace), élève de Gleyre.

Méd. 3e cl. Paris 1875. — Méd. 2e cl. 1878. — ✻ 1886. — Méd. 1re cl. E. U. 1889.

Paris, rue de Vaugirard, 59.

623 — Crépuscule.

ZWILLER (Auguste), né à Didenheim (Alsace), élève de Boulanger et Lefebvre.

M. H. Paris 1888. — Méd. argent Amiens.

Neuilly-sur-Seine.

624 — Le matin.
625 — Capucine.

SUPPLÉMENT

ALHEIM (JEAN D'), né en Russie.

Paris, avenue de Villiers, 18.

626 — Corfou.
627 — Vieilles maisons à Venise.
628 — Marchande de légumes à Moscou.

(*Voir* DESSINS).

BEAURY-SAUREL (Mlle AMÉLIE), née à Barcelone de parents français, élève de T. Robert Fleury, Bouguereau, J. Lefebvre et Benjamin Constant.

Méd. argent — Méd. vermeil Amiens.

Paris, avenue de Villiers, 122.

629 — Portrait de Félix Voisin, ancien préfet de police, conseiller à la Cour de cassation.

(*Voir* DESSINS).

BELLÉE (LÉON DE), né à Ploermel (Morbihan), élève de Lansyer.

M. H. Paris 1879, E. U. 1889.

Paris, rue Bayen, 27 *bis*.

630 — Le pont de Castel, près Amiens.
631 — Marais de Pierrepont (Somme).
632 — Cerfs dans le Berni (forêt de Compiègne).

(*Voir* DESSINS).

CARON (Henry Paul Edmond), né à Abbeville (Somme), élève de J. et E. Caudron et Rixens.

Paris, rue Saint-Jacques, 350.

633 — Avant l'orage.
634 — Matinée d'août, à Cayeux-sur-mer.

CHAIGNEAU (Jean Ferdinand), né à Bordeaux, élève de Brascassat.

M. H. Paris 1861 et 1887. — Méd. bronze E. U. 1889.

Paris, boulevard Malesherbes, 147.

635 — La sortie de la ferme.
636 — Lever de lune.

(*Voir* Dessins).

FAUVEL (Hippolyte), né à Amiens, élève de Fusilier et Yvon.

Méd. bronze Amiens.

Paris.

637 — Le chemin de l'école.
638 — Sur la plage.

FOUACE (Guillaume R.), né à Réville (Manche), élève de Yvon.

12 Méd. en province. — 2 M. H. Paris.

Paris, rue du Val-de-Grâce, 9.

639 — Gibier.
640 — Nature morte.

FRECHON (Charles), né à Blangy-sur-Bresle (Seine-Inférieure), élève de Ed. Lebel et R. Collin.

Méd. Rouen 1886 et 1889. — Amiens 1887.

Rouen, rue du Renard, 65.

641 — Février.
642 — Avril.
643 — Octobre.

(*Voir* Dessins).

GÉNIN (Amédée), né à Paris, élève de Boulanger, J. Lefebvre et Harpignies.

Brunoy (Seine-et-Oise).

644 — Mia Tavola di notte.

(*Voir* Dessins).

HERBERT (Charles Philbert Célestin), né à Liesse-Notre-Dame (Aisne), élève de Léon Cogniet et de l'Ecole des Beaux-Arts.

Méd. argent Amiens.

Amiens.

645 — Etude.

LEE-ROBBINS (Lucie), née à New-York (Etats-Unis), élève de Carolus Duran et Henner.

M. H. Paris 1887.

Paris, rue d'Assas, 84.

646 — Dimanche matin, (Souvenir de Thoun, Suisse).

LE SIDANER (HENRI EUGÈNE), né à l'île Maurice, élève de Cabanel.

Paris, avenue de Wagram, 86.

647 — Le pont des Ercheux (Sologne).

(*Voir* DESSINS).

MASSÉ (JULIEN), élève de Bouché.

Meaux, rue Saint-Faron, 63.

648 — Bord de Marne (St-Aulde).

TATTEGRAIN (FRANCIS), né à Péronne, élève de Lepic, Boulanger, J. Lefebvre et Crauk.

M. H. Paris 1881. — Méd. 2e cl. 1883. — Méd. or E. U. 1889. — ✻.

Paris, boulevard de Clichy, 12.

649 — Les débris du trois-mâts Majestas.
650 — Gra-Père Eté.

VAŸSSE (MARIE LÉONCE), né à Maligny (Yonne), élève de H. Pron et Jeanniot.

M. H. Tours 1881. — Méd. Beauvais 1885.

Chinon (Indre-et-Loire).

651 — Un coin de tannerie.

VION (Alexandre), né à Paris, élève de Léon Cogniet.

O. ✠.

Paris, rue Bréguet, 15.

652 — Nymphe réveillée par les amours.
653 — Les roches noires (Trouville).

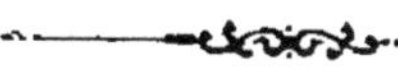

DESSINS

CARTONS, AQUARELLES, PASTELS, GRAVURES, MINIATURES, VITRAUX, ÉMAUX, PORCELAINES, FAÏENCES.

ADAM (GASTON), né à Paris, élève de Harpignies.

Paris, rue d'Ulm, 25.

654 — Le matin au jardin du Luxembourg ; aquarelle.

(*Voir* PEINTURE).

ALHEIM (JEAN D'), né en Russie.

Paris, avenue de Villiers, 18.

655 — Un matin d'été ; pastel.

(*Voir* PEINTURE).

ANTIGNIAT (Mlle ALICE), née à Paris, élève de Donzel.

Paris, rue des Récollets, 13.

656 — Une grisaille ; porcelaine.

ANTOINE (Joseph Marie), né à Amiens, élève de L. Ginain.

Paris, rue de Babylone, 4.

657 — Le puit St-Saintin, à Senlis ; aquarelle.
658 — Vieil escalier à Meaux (croquis de voyage); aquarelle.
659 — La place de la Tuerie, à Amiens ; dessin.

ARRAGON (Mlle Marie d'), née à Paris, élève de Camino.

Paris, rue Guénégaud, 21.

660 — Tête de fantaisie ; miniature.

ARTAGNE-DORNEAU (Jacques d'), né à Bruxelles, élève de Cuvillon.

Paris, avenue de Villiers, 113.

661 — Portrait de M. J. A. ; aquarelle.
662 — Seigneur Henri III ; aquarelle.
663 — Orientale ; aquarelle.

ASSCHE (Mlle Marie van), née à Paris, élève de Mlle Jeanne Gerderès.

Paris, quai Bourbon, 41.

664 — Panier d'azalées ; aquarelle.
665 — Fleurs ; aquarelle.

BARIL (Gédéon), né à Amiens.

Méd. argent Amiens.

Amiens.

666 — L'vouaiture à quiens ; aquarelle.

BARRANDE (Mlle Marie), née à Lagny (Seine-et-Marne), élève de Mme Blen, de Topart et Karl Robert.

Méd. argent 1re cl. Amiens Société industrielle. — Méd. bronze Amiens 1887. — Méd. argent Boulogne-sur-mer 1887.

Amiens, boulevard d'Alsace-Lorraine, 75.

667 — Portrait de Mme A. B. ; miniature sur ivoire.
668 — Madone (d'après Dagnan Bouveret) ; faïence grand feu.
669 — Effet de neige (Seine-et-Marne) ; fusain.
670 — Etang de Clermont, près d'Amiens ; fusain.
671 — Etudes d'une séance ; aquarelle.

BAUDOUIN (Maurice), né à Amiens.

Amiens, rue Damis, 11.

672 — Rue à Pierrefonds ; gravure à la plume.

BEAUFORT (Mlle Blanche de), née à Paris.

Méd. bronze, argent, vermeil, or en province.

Paris, rue de Fleurus, 1.

673 — Le dauphin Louis, père de Louis XVI ; (d'après de Latour) ; miniature sur ivoire.
674 — Mme de Pompadour ; miniature sur ivoire.

BEAURY-SAUREL (Mlle AMÉLIE), née à Barcelone de parents français, élève de T. Robert Fleury, Bouguereau, J. Lefebvre et Benjamin Constant.

Méd. argent et vermeil Amiens.

Paris, avenue de Villiers, 122.

675 — Portrait de l'auteur ; dessin.

(*Voir* PEINTURE).

BELLÉE (LÉON DE), né à Ploermel (Morbihan), élève de Lansyer.

M. H. Paris 1879. — E. U. 1889.

Paris, rue Bayen, 27 *bis*.

676 — Chevreuil sous bois ; plume.

(*Voir* PEINTURE).

BERNARD (Mlle MATHILDE), née à Versailles, élève de Machard.

Paris, rue de Constantinople, 34.

677 — Eventail ; aquarelle.

BESNARD (PAUL FRANÇOIS), né à Orléans, élève de Chouppe (d'Orléans).

Orléans, rue de la Tour-Neuve, 20.

678 — Le domaine des Chênes-Liège (Provence) ; aquarelle.

679 — Pointe de la Croisette, à Cannes ; aquarelle.
680 — La Vienne, à Chinon ; aquarelle.
681 — Avril en Sologne ; aquarelle.

BIRONNEAU-DUPRÉ (Mme MARIE BLANCHE), née à Paris, élève de T. Robert Fleury et Dessart.

Méd. Londres et Montpellier.

Paris, rue Pigalle, 10.

682 — Une rue à Anvers ; aquarelle.
683 — Manon ; porcelaine pâte tendre.

BIVA (PAUL), né à Paris.

Paris, faubourg Saint-Denis, 129.

684 — Roses ; aquarelle.

(*Voir* PEINTURE).

BLANC (Mlle LUCIE), née à Paris, élève de Penet.

Paris.

685 — Fantaisie ; émail.

BOCHAND (Mlle JEANNE), née à Paris, élève de Mme Colin-Libour, Bouguereau et Tony Robert Fleury.

Paris, avenue de Clichy, 127.

686 — Paolo (chanteur florentin) ; aquarelle.

BONNEFOY (ADRIEN ADOLPHE), né à Paris, élève de Jean Paul Laurens.

Mention et Méd. Versailles.

Paris, rue de Bretonvilliers, 3.

687 — Rue à Blois ; aquarelle.
688 — Fantaisie (tête de femme) ; aquarelle.

(*Voir* PEINTURE).

BOQUET (JULES), né à Amiens, élève de Boulanger et J. Lefebvre.

Amiens, rue Porte-Paris, 24.

689 — La rue des Tripes, à Amiens ; dessin.

(*Voir* PEINTURE).

BORREL (FRANÇOIS MARIUS), né à Paris, élève de Gérôme.

M. H. Paris.

Paris, rue de Seine, 35-37.

690 — La famille du menuisier, d'après Rembrandt (musée du Louvre) ; gravure à l'eau forte.

(*Voir* PEINTURE).

BOUCHOT (Mlle CLAIRE), née à Paris, élève de Mme de Cool.

1re Méd. Sydney. — Méd. bronze Paris E. U. 1878. — 2 Mentions E. U. 1889.

Paris.

691 — La cruche cassée (d'après Greuze) ; porcelaine.

BOURGEOIS (VICTOR FERDINAND), né à Amiens, élève de M. Delambre.

Prix d'aquarelle à l'Ecole régionale d'Amiens en 1889.

Amiens, rue Fréville, 16.

692 — Vue prise de la rue basse St-Germain, à Amiens; aquarelle.
693 — Vue prise de la place de la Tuerie, à Amiens; aquarelle,
694 — Rue de l'Eglise, à Dreuil-les-Amiens ; aquarelle.
695 — Projet de porte monumentale pour un concours régional.

BOUTIOT (HENRY), né à Ancy-le-Franc (Yonne).

Troyes (Aube).

696 — St-André (près Troyes) ; dessin à la plume.
697 — Les Tauxelles (près Troyes); dessin à la plume.

(*Voir* PEINTURE).

BRIELMAN (JACQUES ALFRED), né à Paris, élève de Lavielle.

Méd. 3e cl. Paris. — Méd. bronze E. U. 1890. — H. C.

Paris, rue de Chabrol, 16.

698 — Une aquarelle.

(*Voir* PEINTURE).

BRUYENE (Mlle JEANNE LOUISE), née à Paris, élève de Mme et de M. de Cool.

Paris, rue d'Assas, 78.

699 — Anémones ; aquarelle.
700 — Mandarines et violettes ; aquarelle.

CALDERINI (MARC), né à Turin.

Méd. argent E. I. Nice 1883 et Barcelone 1888. — Méd. or E. I. Cologne 1889.

Turin (Italie), rue Rossini, 1.

701 — Pluies d'hiver (jardin royal de Turin) ; aquarelle.

(*Voir* PEINTURE).

CALONNE D'AVESNES (Vte XAVIER DE), né à Avesnes-Chaussoy.

Amiens.

702 — Vue panoramique de la ville d'Amiens (prise du boulevard de St-Quentin) ; encre de chine.
703 — Vue panoramique de la ville d'Amiens (prise de l'hospice St-Victor) ; encre de chine.
704 — Vue de la rue Alexandre, à Amiens ; encre de chine.

CAMIER (EDMOND), né à Albert.

Amiens, rue Lapostolle, 95.

705 — Le derrière de Camon ; aquarelle.

(*Voir* PEINTURE)

CARIN (MARIE), née à Lille, élève de Camino et Chaplin.

Lille, rue Brûle-Maison, 63.

706 — Portraits de Mme C. et de Mlle G., études ; miniatures.

CARON (ALBERT), né à Paris, élève de Amand Bernard et Léon Pellenc.

Paris, rue de la Grande-Chaumière, 3.

707 — Novembre à la gorge aux loups, Fontainebleau ; aquarelle.
708 — A Clerval (Doubs) ; aquarelle.

CHAIGNEAU (JEAN FERDINAND), né à Bordeaux, élève de Brascassat.

M. H. 1861 et 1887. — Méd. bronze E. U. 1889.

Paris, boulevard Malesherbes, 147.

709 — Effet de lune ; eau forte.
710 — Les moutons au repos ; eau forte.

(*Voir* PEINTURE).

CHALUS (CÉCILE), née à Valenciennes, élève de J. Lefebvre et Benjamin Constant.

Méd. Ecoles nationales de dessin.

Paris, boulevard de la Chapelle, 45.

711 — Etude de japonaise ; pastel.

(*Voir* PEINTURE).

CHASSEPOT (Mlle CAMILLE DE), née à Amiens, élève de Mme Provis.

Amiens, rue Saint-Jacques.

712 — Portrait de M. C.; crayon.

CHAVAGNAT (Mlle ANTOINETTE), née à Rouen (Seine-Inférieure), élève de Rivoire.

Méd. Amiens. — Méd. or Boulogne-sur-mer. — 1er grand prix Rouen 1889. — M. H. Dijon, Moulins, Pontivy et Boulogne-sur-mer.

Nanterre (Seine), rue Chanzy, 11.

713 — Roses; aquarelle.

CHAVANNE (MARIE LOUISE THÉRÈSE), née à Paris.

M. H. E. U. 1889.

Paris, boulevard Diderot, 66.

714 — Pivoines et iris; fusain.

CLAGNY (LUCIEN DE), né à St-Germain-en-Laye, élève de Lalanne.

Versailles, avenue de Paris, 9.

715 — La maison du meunier, à Trianon (Versailles); fusain.

CLIQUOT (Antoinette), née à Pontoise (Seine-et-Oise), élève de P. Flandrin et Chaplin.

2e Méd. argent Versailles 1884. — M. H. Moulins 1885.

Nanterre (Seine).

716 — Vieilles maisons, à Lescar (Basses-Pyrénées); aquarelle.
717 — La vieille porte de l'Esquinette, à Lescar; aquarelle.

(*Voir* Peinture).

COLLINET (Henri), né à Paris, élève de Damoye.

Paris, rue de Malte, 65.

718 — La route du petit Malay et la plage de Cabourg (Calvados); aquarelle.

(*Voir* Peinture).

COLMET-DAAGE (Léon), né à Paris, élève P.-V. Galland.

Paris, place du Havre, 14.

719 — Eventail de violettes (maquette); aquarelle.

CORBINEAU (Auguste Charles), né à Saumur (Maine-et-Loire), élève de Hébert et J. Lefebvre.

Paris, impasse Hélène, 15, *avenue de Clichy.*

720 — Un rayon de soleil ; aquarelle.
721 — L'attente ; aquarelle.
722 — Les petites dalles (Normandie) ; aquarelle.

COROT (Mme, née CHARLOTTE BOUVAIST), née à Abbeville, élève de Gérard et Bergeret.

Paris-Passy, passage des Eaux, 4.

723 — Raisins ; aquarelle.
724 — Hortensias ; aquarelle.

(*Voir* PEINTURE).

DAINVILLE (MAURICE), né à Paris, élève de Boulanger et J. Lefebvre.

Paris, rue de Fleurus, 35 *bis*.

725 — Octobre ; aquarelle.
726 — Falaise de St-Jean le Thomas ; aquarelle.

(*Voir* PEINTURE).

DAUPHIN (EUGÈNE), né à Toulon.

M. H. Paris 1887. — 3e Méd. 1888. — Méd. bronze E. U. 1889. — H. C.

Paris, rue Jouffroy, 69.

727 — Avant le grain ; pastel.
728 — Un jour de régate, au Hâvre ; pastel.

DAVE (DANIEL), né à Cambrai (Nord).

Médailles et Diplômes d'honneur en province.

Halluin (Nord); Paris, chez MM. Boussod, Valadon et Cie, rue Chaptal, 9.

729 — Le chemin vert (forêt d'Ormoy); aquarelle.

(*Voir* PEINTURE).

DEBRY (PAUL ANATOLE), né à Amiens, élève de Deleforterie.

1er prix au concours pour le pavillon de l'Uruguay Paris.

Amiens, rue Berville, 2.

730 — Vue perspective du château de M. Boullet, à Corbie; architecture.

DELAUNAY (LUCIEN), né à Versailles (Seine-et-Oise), élève de Eugène Charpentier.

Paris, rue de la Terrasse, 15.

731 — Le moulin de la galette (Paris); aquarelle.
732 — Place de la Concorde, cours la reine (Paris); aquarelle.

DELAY (HENRIETTE), née à Paris, élève de Mlle Garnier de Grassin.

Paris.

733 — Fleurs et livres; aquarelle.
734 — Pensées; aquarelle.

DELAY (Jeanne), née à Paris, élève de Mlle Garnier de Grassin.

Paris.

735 — Marguerites et giroflées ; aquarelle.
736 — Pommes et écrans ; aquarelle.

DÉMAREST (Guillaume Albert), né à Rouen, élève de J.-P. Laurens.

Mention et Médaille à Paris.

Paris, rue Grande-Chaumière, 1.

737 — Au Luxembourg ; aquarelle.
738 — Printemps et hiver ; aquarelle.

DETOUCHE (Henry Julien), né à Paris, élève de Ulysse Butin.

Paris, rue de la Tour-d'Auvergne, 39.

739 — Danseuses javanaises ; aquarelle.
740 — Côtes du Finistère ; aquarelle.

DOUDEMENT (Gustave Emile), né à Rouen, élève de Boulanger et J. Lefebvre.

Méd. bronze 1886.

Paris, rue Saint-Lazare, 46.

741 — Portrait de Mme F. T. ; sanguine.
742 — Portrait de Mlle M. T. ; sanguine.

DOUBRE (CAMILLE), né à Paris, élève de Gaston Gérard.

Paris.

743 — Bourriche, pensées et géranium ; aquarelle.

DRUARD (OCTAVE), né à Amiens.

Amiens, rue Jules Barni, 195.

744 — Portrait de M. l'abbé Aubert, (ancien curé de Ste-Anne) ; fusain.

DUBOY (Mlle MARGUERITE), née à Paris, élève de Saint-Pierre et Jean Paul Laurens.

Paris, rue Washington, 32.

745 — Petite fille aux pigeons ; aquarelle.

(*Voir* PEINTURE).

DUCREST DE VILLENEUVE (R.), né à Brest, élève de son père.

Au Mans.

746 — Vue de la Loire ; aquarelle.

DUCREST DE VILLENEUVE (MARIE), née à Brest, élève de son père.

Au Mans, rue de la Fuie, 15.

747 — Pêches ; aquarelle.

DUHEM (Henri Aimé), né à Douai, élève de Harpignies.

1re Méd. Paris (Blanc et Noir) 1888.

Douai, rue Saint-Jean, 21.

748 — En Sologne ; aquarelle.
749 — Soleil et temps gris ; aquarelle.
750 — Au jardin Marengo, Alger (éventail sur peau) ; aquarelle.

DULOUT (Mlle Marie), née à Paris, élève de Mme Lanjalley.

Paris, avenue Parmentier, 36.

751 — Bouquet de chrysanthèmes ; aquarelle.

DUMAS (Mlle Elisabeth), née à Paris, élève de Chaplin.

Paris.

752 — Profil d'enfant ; pastel.

DUPONT (Robert), né à Amiens, élève de Cormon.

Amiens, rue Caumartin, 2.

753 — Vue de ma cuisine ; fusain.

(*Voir* Peinture).

DUTHOIT (ADRIEN ED.), né à Amiens, élève de son père et de P.-V. Galland.

Paris, rue Monge, 77 bis.

754 — Escalier du château de Roquetaillade; sépia.
755 — Involontaire d'un an ; aquarelle.

(*Voir* PEINTURE).

DYBOWSKA (Mlle EMILIE), née à Paris.

Paris, rue Rottembourg, 16.

756 — Rhododindrons ; aquarelle.

EHRMANN (Mlle LÉONE), née à Metz, élève de Chaplin et Barrias.

Nancy (Meurthe-et-Moselle).

757 — Tête ; fusain.

(*Voir* PEINTURE).

FABRY (PAUL DE), né à Tain.

Tain.

758 — A la Croizette (Cannes) ; aquarelle.
759 — Le port de Crouton (Juan les Pins) ; aquarelle.

FAUVE (Mlle BLANCHE MARIE), née à Paris, élève de Gaston Roullet.

M. H. Rochefort 1883. — Méd. br. Boulogne-s.-m. 1887.

Paris, rue Turbigo, 28.

760 — Environs de Paris ; aquarelle.

FAVARON-MADARÉ (Mme Léonie), née à Amiens, élève d'Abel Terral et Mlle Barrande.

Péronne.

761 — Souvenir de Péronne ; aquarelle.
762 — Une heure sur les rives de la Somme ; fusain.

FLOURY (Lucien), né à Paris, élève de Allongé.

Méd. en province et à l'étranger.

Paris, rue des Francs-Bourgeois, 43.

763 — Cascade de Lutour (près Cauterets) ; aquarelle.
764 — Ravin à San Rémo (Italie) ; porcelaine.

FONFAYE-LAPRANTIE (Firmin Joseph Marie), né à St-Valery-sur-Somme, élève de Ch. Courtry.

M. H. Paris 1889.

Rue du Four, 40.

765 — Tombeau dans la cathédrale d'Amiens (par Nicolas Blasset) ; gravure à l'eau forte.
766 — La leçon de pêche (d'après A. Guillou) ; gravure à l'eau forte.

FONTAINE (Mlle Jeanne), née à Abbeville, élève de Mme Thoret, de Jules Lefebvre et Benjamin Constant.

Paris, rue du Cherche-Midi, 115.

767 — Portrait de ma sœur Eugénie ; pastel.

(*Voir* Peinture).

FONTAINE (Mlle Jenny), née à Arras, élève de Jules Lefebvre et Benjamin Constant.

Arras, rue Sainte-Croix, 7.

768 — Une aquarelliste (fantaisie) ; pastel.

(*Voir* Peinture).

FOURNERY (Félix), né à Paris, élève de J. Lefebvre et Vollon.

Méd. argent Amiens 1887.

Paris, rue Pigalle, 28.

769 — Sur le brise-lames (Villerville) ; aquarelle.
770 — Clownesse ; pastel.

(*Voir* Peinture).

FRECHON (Charles), né à Blangy-sur-Bresle (Seine-Inférieure), élève de Éd. Lebel et R. Collin.

Méd. Rouen 1886 et 1889. — Amiens 1887.

Rouen, rue du Renard, 65.

771 — Couseuse ; fusain.
772 — Laveuse ; fusain.

(*Voir* Peinture).

FRESNAYE (Mlle Hélène), née à Marenla, élève de Mlles M. Fresnaye et E. Leroy.

Marenla (Pas-de-Calais).

773 — Fleurs (étude) ; aquarelle.
774 — Fleurs (étude) ; aquarelle.

GACOIN (Mlle MARIA), née à Épinal (Vosges), élève de Mme Mac-Nab et de Champeaux.

1re Méd. vermeil. — 1re Méd. argent.

Paris, boulevard de Clichy, 128 *bis.*

775 — En commissions ; aquarelle.
776 — Pensées ; aquarelle.

GARDANNE (AUGUSTE), né à Ancône (Italie) de parents français, élève de Yvon et Pils.

Méd. Montpellier, Dijon, Pontivy, Toulon, Perpignan.

Levallois-Perret (Seine) rue Poccard, 9.

777 — Le billet de logement ; aquarelle.

(*Voir* PEINTURE).

GARET (FERNAND JULES JOSEPH), né à Amiens.

Amiens, rue des Cordeliers, 57.

778 — Pensées ; aquarelle.

(*Voir* PEINTURE).

GASSIES (GEORGES), né à Paris.

M. H. Paris. — Méd. 3e cl. Barcelone 1888.

Chailly-Barbison (Seine-et-Marne).

779 — Normandie et Fontainebleau ; aquarelle.

(*Voir* PEINTURE).

GAUDIN-BELCOUR (ACHILLE CHRISTIAN), né à Paris, élève de Ghirardi et Diaz.

Paris, avenue Trudaine, 26.

780 — Ferme, près Bayeux (Normandie); aquarelle.
781 — Un site de Lormont (Gironde) ; aquarelle.

GÉNIN (AMÉDÉE), né à Paris, élève de Boulanger, J. Lefebvre et Harpignies.

782 — Au cap d'Antibes ; aquarelle.

(*Voir* PEINTURE).

GÉO-REMY (Mlle VIRGINIE), née à Paris, élève de Ch. Chaplin.

Médailles Tours, Brest et Rennes.

Nantes (Loire-Inférieure).

783 — Demi-deuil ; pastel.

GERDERÈS (Mlle JEANNE), née à Paris, élève de Rivoire.

Méd. Amiens 1887.

Paris, rue Fontaine-au-Roi, 36.

784 — Panier de raisins ; aquarelle.
785 — Violettes ; aquarelle.

GIARD (Mlle LOUISE), née à Bayonne, élève de Féragu.

Méd. bronze Amiens 1887.

Amiens, rue Laurendeau, 32.

786 — Portrait de Mme L*** ; pastel.
787 — Portraits de Mlles de B*** ; pastel.

GIRARDET (EUGÈNE), né à Paris, élève de Gérôme.

2e Méd. Paris E. U. — H. C.

Paris, rue Legendre, 4.

788 — Les premiers pas ; aquarelle.

GOBLOT (EUGÈNE RENÉ), né à Pont-Audemer (Eure), élève de Guadet.

Méd. bronze Angers 1877.

Angers (Maine-et-Loire).

789 — Monument commémoratif ; architecture.

GOEPFERT (Mlle MARGUERITE), née à Paris, élève de Mlle H. Duchynska.

Méd. arg. 1re cl Exp. des Lauréats de France Londres 1888.

Paris, rue Royale, 10.

790 — Bonnes nouvelles ; aquarelle.
791 — Une romaine à sa toilette ; aquarelle.

GONVERS (JEAN CHARLES), élève de l'École des Beaux-Arts.

Paris.

792 — Amiens ; aquarelle.
793 — St-Valery, Abbeville ; aquarelle.

(*Voir* PEINTURE).

GOUY (Mlle JEANNE), née à Doullens (Somme), élève de J. Machard.

Paris, rue Joubert, 23.

794 — Etude de dos ; pastel.

(*Voir* PEINTURE).

GRAVIS (CAMILLE), né à Calais.

Amiens.

795 — En ballon à 1,200 mètres d'altitude ; aquarelle.
796 — Port d'Etaples (Paris-plage) ; aquarelle.
797 — Boulogne (soleil couchant, marée basse) ; aquarelle.

GUYON (Mlle JEANNE), née à Paris, élève de J. Lefebvre, Robert Fleury et Boulanger.

M. H. (Noir et Blanc).

Paris, rue Ampère, 85.

798 — Deux sœurs ; aquarelle.

HERMAN (Mlle LOUISE), née à Paris, élève de Mme Mazeline et Mlle Voruz.

M. H. Versailles.

Paris, boulevard Malesherbes, 154.

799 — Prière (étude) ; pastel.
800 — Pensées ; aquarelle.

HENRIET (FRÉDÉRIC), né à Château-Thierry, élève de Daubigny,

Château-Thierry (Aisne).

801 — Vue prise à Revin (Ardennes) ; aquarelle.

(*Voir* PEINTURE).

HENRIQUET (Mlle ALBERTINE), née à Paris.

Neuilly (Seine), avenue du Roule, 96.

802 — Tête d'étude ; aquarelle.
803 — Prête pour le ballet ; aquarelle.

(*Voir* PEINTURE).

IMBERT (Mlle LUCIE), née à Lesparre (Gironde), élève de Mmes Gadou-Boyer.

Bordeaux, rue Huguerie, 7.

804 — En automne ; pastel.

(*Voir* PEINTURE).

IWILL (Marie Joseph), né à Paris, élève de Jugelet et Kuwasseg.

Méd. vermeil Amiens.

Paris, quai Voltaire, 11.

805 — Dans les dunes (Le Pouldu) ; pastel.

JARACZEWSKI (Mme, née REMOND), élève de Mlle Hautier et de Dessart.

Amiens, rue Vulfran Warmé, 92.

806 — Paysage (d'après Louis Watteau); porcelaine.
807 — Portrait de M. Victor Schœlcher, sénateur; porcelaine.

JOUATTE (Alphonse), né à Paris.

Paris, rue Boccador, 4.

808 — Lecture ; dessin.

(*Voir* Peinture).

KÉGELJAN (Franz), né à Namur (Belgique).

Bruxelles, rue Thiéfry, 47.

809 — Novembre (environs de Namur) ; pastel.
810 — Le lac des quatre cantons, à Brunnen ; pastel.

(*Voir* Peinture).

LAMY (Mlle Aline), née à Paris, élève de Krug et Allongé.

Paris, faubourg Poissonnière, 136.

811 — Les anciennes fortifications d'Etampes (Seine-et-Oise) ; aquarelle.
812 — Etude de roses ; aquarelle.

(*Voir* Peinture).

LANDELLE (Georges), né à Paris, élève de Cabanel et Landelle.

Paris, quai Voltaire, 17.

813 — Le jugement de Pâris (scène normande).
814 — Le premier échelon ; eau forte.

LAUGÉ (Désiré François), né à Maromme (Seine-Inférieure), élève de Picot.

Méd. 3e cl. 1851. — 2e cl. 1855 E. U. — Rap. 1859. — 1re cl. 1861. — Rap. 1863. — ✻ 1865.

Paris, boulevard Lannes, 15 *bis*.

815 — Autour de la meule ; pastel.

LAUNAY (Mlle Alice de), née à Paris, élève de Ch. Chaplin.

Château de Moyencourt, par Nesle (Somme).

816 — Printemps ; pastel.

LAUNAY (Mlle RÉGINE DE), née à Loué (Sarthe), élève de Leroux et Rivoire.

Paris, rue Vavin, 48.

817 — Roses d'été ; aquarelle.
818 — Chrysanthèmes ; aquarelle.

LAVIROTTE (JEANNE), née à Douai, élève de Mme Vaquez.

Amiens, rue Saint-Geoffroy, 34.

819 — Fleurs et fruits ; aquarelle.

(Voir PEINTURE).

LEBLANC (JULES RENÉ), né à Paris, élève de Rubé, Chaperon et Jambon.

M. H. Versailles 1889.

Au Musée du Louvre.

820 — Trois-mâts barque sur lest remontant la Gironde ; gouache.

LECLERCQ (LOUIS ANTOINE), né à Guines, élève de Cabanel.

Méd. bronze Amiens.

Guines.

821 — Paysanne ; dessin à la plume.

(*Voir* PEINTURE).

LE CYRE (CAROLINE ELISE), née à Chatou, élève de Félix Barrias.

Fontainebleau, rue de Ferrare, 16.

822 — OEillets ; aquarelle.
823 — Glaïeuls ; aquarelle.

LEFÈVRE (HIPPOLYTE), né à Aubusson (Creuse), élève de Cagniart.

Méd. vermeil Guéret. — Méd. argent Chateauroux.

Amiens, rue des Vergeaux, 59.

824 — Vues du vieil Amiens ; pastel.

(*Voir* PEINTURE).

LE ROY DE CHAVIGNY (FRÉDÉRIC), né à Moulins (Allier).

M. H. Rochefort 1883.

Moulins, rue Michel de l'Hôspital, 22.

825 — Poissons ; aquarelle.
826 — Ramiers et bécasse ; aquarelle.

LESAGE (Mlle CÉLINE), née à Lille, élève de Mme Mazeline et de Rivoire.

Au Hâvre, rue du Grand-Croissant, 37.

827 — Bouquet de chrysanthèmes ; aquarelle.
828 — Chrysanthèmes et violettes ; aquarelle.
829 — Anémones et œillets ; aquarelle.

LE SAGE (Mlle GABRIELLE), née à Paris, élève de Homo.

M. H. Dijon et Pontivy.

Paris, rue Larochefoucauld, 46.

830 — La place de l'Allier à Moulins ; aquarelle.

LÉVY (EMILE), né à Paris, élève de A. de Pujol et Picot.

Grand Prix de Rome. — Méd. 1859, 1864, 1866. — 3e Méd. E. U. 1867. — 1re E. U. 1878. — ✻ 1867. — Méd. or E. U. 1889.

Paris, boulevard Malesherbes, 199.

831 — Enfants sur un banc ; pastel.

(*Voir* PEINTURE).

LE SIDANER (HENRI EUGÈNE), né à l'ile Maurice, élève de Cabanel.

Paris, avenue de Wagram, 86.

832 — Etaples ; pastel.

(*Voir* PEINTURE).

LHOTE (JULES LOUIS MARIE), né à Boulogne-sur-mer, élève de Picot et Verreaux.

Méd. Boulogne, Dunkerque, Amiens, Londres.

Amiens, boulevard Beauvais, 38.

833 — Place du marché, à Lannion (Côtes-du-Nord); aquarelle.

(*Voir* PEINTURE).

LOLLIOT (Mlle Adrienne), née à Paris, élève de Mme Mathieu Lolliot.

Paris, rue Mansart, 13.

834 — Carmen ; pastel.

LOPES-SILVA (Lucien), né à Paris, élève de F. Pelez, J. Lefebvre et Maignan.

M. H. Bordeaux. — Méd. 3e cl. Lyon. — O. ✿ E. U. 1889.

Paris, rue Condorcet, 25.

835 — Récureuse ; aquarelle.
836 — Repasseuse ; aquarelle.
837 — Tête Louis XV ; aquarelle.

LUTSCHER (Fernand), né à Angers, élève de Jules Dauban et E. Brunclair.

Dipl. d'honn. Angers.

Angers, rue de la Blancheraie, 19.

838 — L'eau grande (étang St-Nicolas) ; aquarelle.
839 — Etude d'après nature (environs d'Angers) ; aquarelle.

(*Voir* Peinture).

MAILLARD (Emile), né à Amiens, élève de Butin, Renouf, Duez, J. Lefebvre et Boulanger.

Méd. Amiens. — M. H. Paris 1888. — M. H. E. U. 1889.

Amiens, rue Flatters, 8.

40 — Incendie de l'usine Bulot-Lhotellier; fusain.
41 — Gros temps à Boulogne ; dessin à la plume.

(*Voir* PEINTURE).

MAISSIN (HIPPOLYTE), né à Paris, élève de Léon Cogniet.

Abbeville, rue Millevoye, 44.

42 — Portrait ; dessin.
43 — Portrait ; médaille en plâtre.

(*Voir* SCULPTURE).

MALANDRIN (Mlle HENRIETTE), née à Rouen, élève de Mme Colin-Libour.

Paris, rue de la Boétie, 10.

44 — Soleils et astères ; aquarelle.
45 — Roses ; aquarelle.

MALANDRIN (Mlle SUZANNE), née à Rouen, élève de Mme Colin-Libour.

Paris, rue de la Boétie, 10.

46 — Fleurs d'automne ; aquarelle.
47 — Pivoines et sureau ; aquarelle.

MALDAND (Mlle CHARLOTTE), née à Bordeaux, élève de Brielmann.

Paris, avenue de Villiers, 45.

48 — Le cavalier ; porcelaine.

MALLET (Fernande), née à Paris, élève de Mlle Gacoin et de Champeaux.

Paris, faubourg Poissonnière, 144.

849 — Nature morte ; aquarelle.
850 — Etude d'anémones ; aquarelle.

MASUSSIÈRE (Mme Marie), née à Paris, élève de Wert.

Paris, rue de Rome, 37.

851 — Portrait de M. G. ; miniature sur ivoire.
852 — Portrait de Mme G. ; miniature sur ivoire.
853 — Portrait de l'empereur du Brésil ; miniature sur ivoire.

MAURICE (Mlle Yvonne), née à Tours, élève de J. Lefebvre et Muraton.

Paris.

854 — Portrait de Mme A. C. ; dessin.

(*Voir* Peinture).

MESGNIL (Mlle Marguerite du), née à Versailles, élève de Jules Lefebvre et L. Doucet.

Méd. argent Amiens, Versailles, Boulogne. — Méd. d'or Rouen.

Paris, boulevard Péreire, 179.

855 — Portrait de Mlle de N. ; pastel.

MILVOY (Amédée Denis), né à Amiens, élève de Edmond Duthoit.

Méd. argent Amiens 1883.

Amiens, rue des Trois-Cailloux.

856 — Sépulture G. B. (chapelle) ; architecture, plume et aquarelle.

MIRMONT (Mlle Renée de), née à Paris, élève de Bellay.

Paris, rue Say, 6.

857 — Portrait de Mlle de M. — Profil; miniatures.

MOISSET (Maurice), né à Paris, élève de J. Lefebvre et Yon.

Paris, avenue de Villiers, 17.

858 — Route dans les champs en Picardie ; aquarelle.

(*Voir* Peinture).

MOREL (Mlle Charlotte), née à Nantes, élève de Victor Ménard et Jules Lefebvre.

Nantes, rue St-Clément, 77 ; *Paris, rue de Chabrol*, 18.

859 — Primevères ; aquarelle.
860 — Cinéraires ; aquarelle.

NOZAL (ALEXANDRE), né à Paris, élève de Luminais.

H. C.

Paris, quai de Passy, 7.

861 — Le printemps (avril), à Garches (Seine-et-Oise) ; pastel.

(*Voir* PEINTURE).

OLLENDON (Mme CAROLINE D'), née à Poitiers.

Méd. E. U. 1889.

Paris, rue de Grenelle, 3.

862 — Aspasie. — La créole. — Cléopâtre ; émaux.

PAILLET (FERNAND), né à Niort (Deux-Sèvres).

A.

Paris, rue Clauzel, 23.

863 — En Normandie (Veules en Caux) ; aquarelle.
864 — Cavée de la chapelle Duval (Veules en Caux) ; aquarelle.

PALIANTI (CHARLES), né à Paris, élève de Corot.

Méd. Amiens et Nancy.

Paris.

865 — Vallée de Salange ; gouache.
866 — Environs de Soissons ; aquarelle.

PARFOURRU (GEORGES LOUIS DE), né à Rocquancourt (Calvados), élève de Allongé.

2e Méd. Dijon 1886.

Arras.

867 — Prés de St-Valery-sur-Somme ; fusain.
868 — Marais de Rœux (Pas-de-Calais) ; fusain.

PATASSON (Mme AMÉLIE FÉLICIE), née à Saint-Omer (Pas-de-Calais), élève de Mme Fleury Simonet et de Sieffert.

M. H. Rennes 1887.

Nantes, place Royale, 1.

869 — La Cenci ; émail.
870 — Jeune fille à la colombe ; émail.

PERRIER (Mlle MARIE), née à Paris, élève de Mme Colin-Libour, de J. Lefebvre et Benjamin Constant.

Paris, rue Pigalle, 2.

871 — Tête de jeune homme (étude) ; pastel.

(*Voir* PEINTURE).

PERRIN (Mlle LÉONIE), née à Paris, élève de Mlle Voruz et de Félix Barrias.

Méd. argent Châteauroux 1888. — M. H. Versailles 1889.

Paris.

872 — Pivoines ; aquarelle.
873 — Gibier ; aquarelle.

PESCADOR-SALDANA (Félix), né à Saragosse, élève de Bonnat.

3e Méd. Paris. — 2e et 3e en Espagne. — 2e Lille. — M. H. Nice.

Paris, faubourg Saint-Honoré, 64.

874 — Sabotier du bas Maine ; pastel.

(*Voir* Peinture).

PETILLION (Jules), né à Paris.

Paris, boulevard Magenta, 5.

875 — Dessin (offert à la Société).

PEUGEOT-BELCHAMP (Mlle Lucie), née à Belchamp (Doubs), élève de Mlle Dumas, de Benner et Rivoire.

Paris, rue Hauteville, 89.

876 — Fleurs d'avril ; aquarelle.

PHILIPPAR (Jeanne), née à Paris, élève de Boulanger, Jules Lefebvre et Benjamin Constant.

Paris, rue Saint-Augustin.

877 — Une parisienne ; pastel.

(*Voir* Peinture).

PIOT (Catherin Ernest), né à Paris, élève de Bergeret.

Paris, boulevard Péreire, 7.

878 — Quatre dessins à la plume.

(*Voir* Peinture).

POILEUX (Mme Edwige), née à Paris.

Paris, rue Rottembourg, 16.

879 — Rameaux fleuris ; gouache.
880 — Pages de missel ; aquarelle.

POITEVIN (Mlle Marie Louise), née à Paris, élève de Camino.

Paris, rue de Clichy, 54.

881 — Portrait de Mme B. ; miniature.

POLART (Albert), né à Amiens, élève de E. Duthoit et Bernard.

Compiègne.

882 — Relevé de la façade du bailliage (aujourd'hui école des beaux-arts) rue de la Malmaison, à Amiens ; aquarelle.
883 -- Vue de la chapelle St-Jean-Baptiste dans l'église d'Airaines (Somme) ; aquarelle.

PORCHER (ALBERT), né à Orléans.

Méd. 3e cl. E. U.

Paris, rue Boccador, 3.

884 — Bords de la Marne ; aquarelle.
885 — Etang de Cernay ; aquarelle.
886 — Village de Cernay ; aquarelle.

PRÉOLOT (Mlle ADRIENNE), née à Lignières-Châtelain (Somme), élève de Mme Démarquet-Crauk et de Jules Lefebvre.

Paris, boulevard de Sébastopol, 113.

887 — Portrait de Mme C... ; fusain.

PROVIS (Mme CATHERINE), élève de Léon Cogniet et Chaplin.

Méd. vermeil Amiens.

Amiens, rue Bellevue, 30.

888 — Retour des bois ; pastel.
(*Voir* PEINTURE).

QUIGNON (Mlle AGNÈS ANGÈLE), née à Paris, élève de l'École des Beaux-Arts.

Méd. Amiens 1887.

Amiens, rue des Trois-Cailloux, 50.

889 — Portrait de M. P. A. (justice militaire) ; pastel.

890 — Portrait de l'auteur (étude) ; pastel.
891 — Un trio (d'après un tableau de Roybet) ; faïence.

RAMÉ (ACHILLE ALEXIS), né à Paris, élève de A. de Fontenay et Le Sénéchal.

Paris, rue Berlioz, 19.

892 — Les ruches du professeur Hamel, au Luxembourg ; aquarelle.
893 — Etude d'après nature, à Mers-les-Bains ; aquarelle.
894 — Paysans badois (d'Hipp. Bellangé) ; eau forte (appartient à M. Leroy-Digeon).

(*Voir* PEINTURE).

RAPILLY (LÉON HENRI MARIE), né à Paris, élève de Galland.

Amiens, rue Cozette, 18.

895 — Sentier à Sèvres ; aquarelle.
896 — Rue du Don, à Amiens ; aquarelle.
897 — Portrait de M. E. G.... ; dessin.

RAY (MARIE MAURICE), né aux Riceys (Aube), élève de Boulanger.

Paris.

898 — Printemps ; éventail aquarelle.

RÉAL DEL SARTE (Mme MARIE MAGDELEINE), née à Paris, élève de J. Lefebvre, Boulanger et Robert Fleury.

M. H. Paris 1886 et E. U. 1889. — Méd. argent Versailles 1885. — Méd. or 1re cl. Londres 1888.

Paris, boulevard Courcelles, 88.

899 — La révérence ; aquarelle.
900 — La défroque de la grand'mère ; aquarelle.
901 — Medjé ; aquarelle.

REY (JEAN MARIE ALFRED), né à Péronne (Somme), élève de Delambre et Gérôme.

2 Méd. Amiens.

Péronne.

902 — Dans les vieux quartiers d'Amiens ; dessin.
903 — L'étang de Pargny ; dessin.
904 — Chemin abandonné ; dessin.

(*Voir* PEINTURE).

RICHOMME (JULES), né à Paris, élève de Drolling.

Méd. 1862, 1863, ✳ 1867.

Paris, avenue Trudaine, 31.

905 — Jour de fête ; aquarelle.

(*Voir* PEINTURE).

RIVOIRE (François), né à Lyon, élève de l'Ecole des Beaux-Arts de Lyon.

Méd. 3e cl. Paris 1886. — Méd. bronze E. U. 1889.

Paris, rue Fontaine, 19 *bis*.

906 — Vase de fleurs ; aquarelle.
907 — Roses et chrysanthèmes ; aquarelle.

ROBERT (Mlle Marie Célie), née à Paris, élève de Félix Barrias.

Méd. bronze Amiens.

Paris, rue Barye, 12.

908 — Petit salon ; aquarelle (appartient à M. D.).
909 — Vues de Selles-sur-Cher ; aquarelle.
910 — Vues prises au château de Selles-sur-Cher ; aquarelle.
911 — Le Cher, à Selles-sur-Cher ; aquarelle.

ROCH (Mlle Anna), née à Paris, élève de Midy et Mme Beauchard-Masson.

M. H. Moulins 1885.

Paris, rue des Écuries d'Artois, 11.

912 — L'orpheline (d'après Henner) ; porcelaine, camaïeu.

ROCH (Lucy), née à Paris, élève de Midy et Mme Beauchard-Masson.

Paris, rue des Écuries d'Artois, 11.

913 — Le lendemain du bal ; faïence.

ROUGÉ (Mme JULIE DE), née à Paris, élève de Rapin et Valadon.

Amiens, rue Morgan, 11.

914 — Groseilles ; aquarelle.
915 — Roses (fleurs de Nice) ; aquarelle.
916 — Les flammiers (printemps) ; aquarelle.
917 — Marais, près Reims (Marne) ; aquarelle.

(*Voir* PEINTURE).

ROUHIER (Mlle MARIE), née à Uzemain (Vosges), élève de Mme Thoret et de Parot.

Amiens, rue Boucher de Perthes, 60.

918 — Portrait de ma mère ; pastel.
919 — Portrait de M. L. ; fusain.

ROUX (PAUL), né à Paris, élève de L. Cabanel et Harpignies.

O ✠. — Méd. Saint-Germain 1879. — Méd. bronze (blanc et noir) 1886. — Méd. argent Amiens 1887. — Méd. Dijon 1883.

Paris, rue Pigalle, 21.

920 — Baie de Camaret, près Brest ; aquarelle.

(*Voir* PEINTURE).

SALIS (Mlle AMÉLIE DE), élève de Feytou et Mme Mazeline.

Beauvais (Oise).

921 — Lilas ; aquarelle.
922 — Chrysanthèmes ; aquarelle.

SAVY-BOISNARD (Mlle MADELEINE), née à Paris, élève de Mme de Cool.

Paris, rue des Blancs-Manteaux, 29.

923 — Panier de pivoines ; aquarelle.

SCHERRER (J.-J.), né à Lutterbach (Alsace), élève de Cabanel, Barrias et Cavelier

M. H. Paris 1881. — Méd. 3e cl. 1887. — Méd. bronze E. U. 1889.

Paris, impasse du Maine, 9.

924 — Vue de Venise ; aquarelle.
925 — Etude ; aquarelle.

SCIOT (Mlle LUCIE), née à Paris, élève de Mlle Aline Lamy.

Paris, rue de Chabrol, 54.

926 — Le lac Daumesnil (bois de Vincennes); fusain.

SERRIER (GEORGES), né à Thionville (Lorraine).

Méd. argent Beauvais 1885, Boulogne 1887. — M. H. Melbourne, 1888.

Paris, rue de Douai, 65.

927 — Le clocher de Villiers-sur-Morin ; eau forte.

(*Voir* PEINTURE).

SIMON (Ernest), né à Paris, élève de Dardoize.

M. H. Versailles.

Paris, rue Coëtlogon, 4.

928 — Vue prise à Amsterdam ; aquarelle.
929 — Une rue à Tunis ; aquarelle.

SIMON (J.-B. Léon), né à Metz, élève de A. Migette.

M. H. Paris (blanc et noir) 1885. — Méd. bronze, Amiens 1885. — 6 méd. en province.

Metz, rue du Moyen-Pont, 3.

930 — Héron ; fusain.
931 — Le Loiret, près Olivet ; fusain.

STRADY (Mlle Marie), née à Paris, élève de Mlle Pauline Caspers.

Nogent-sur-Marne (Seine).

932 — Bourriche de pensées ; aquarelle.
933 — Bouquet de giroflées ; aquarelle.

TENRÉ (Henry), né à Saint-Germain-en-Laye, élève de J. Lefebvre, Edm. Yon et Boulanger.

Paris, rue Magellan, 12.

934 — Pendant le Tennis ; aquarelle.

(*Voir* Peinture).

THUILLIER DE MORNARD (Mlle LOUISE), née à Amiens, élève de son père et de Chaplin.

Méd. 3e cl. Paris.

Paris, rue du Faraday, 11 bis.

935 — Un marché à l'église St-Pierre (Senlis) ; aquarelle.
936 — Lambezellec, près Brest ; aquarelle.

TIMMERMANS (LOUIS), né à Bruxelles, élève de l'École des Beaux-Arts et de Portaels.

Méd. d'or Arcachon. — Méd. vermeil Versailles. — Méd. bronze Nîmes, Pontivy, etc.

Paris, rue Aumont-Thiéville, 2.

937 — Place du marché à Gand (Belgique) ; aquarelle.

(*Voir* PEINTURE).

TITZ (LOUIS), né à Bruges.

2e Mention Melbourne 1887. — Méd. d'argent Cologne 1889.

Bruxelles, place Fontainas, 9.

938 — Vers le soir ; aquarelle.
939 — Clown et Ecuyère ; aquarelle.

TROUVILLE (HENRI), né à Loudun (Vienne).

Asnières, rue de Plaisance, 1.

940 — Chemin de la Belle-Marie à Barbizon ; fusain.
941 — Route des Artistes, forêt de Fontainebleau ; fusain.

TURQUEL (Mlle Mathilde), née à Gisors (Eure), élève de Léon Cogniet et Carolus Duran.

Paris, quai de Valmy, 61.

942 — Fillette (étude) ; pastel.
943 — L'accordée (d'après Greuze) ; pastel.

VALLOIS (Henri), né à Paris, élève de Delambre.

Paris, rue de Lancry, 54 *bis*.

944 — Château de Dreux ; dessin à la plume.
945 — Environs de Dreux ; dessin à la plume.

VARLET (Auguste Victor), né à Paris, élève de Pils et Daubigny.

Méd. bronze Boulogne-sur-mer 1887.

Fontenay-sous-Bois (Seine) ; rue du Châtelet, 21.

946 — L'île d'Amour, bords de la Marne à Nogent (Seine) ; pastel.

VAUTHIER (Pierre Louis Léger), élève de Maxime Lalanne.

Méd. 3e cl. Paris 1887. — M. H. E. U. 1889.

Paris, rue Molitor, 18.

947 — A la Foire au pain d'épices ; pastel.
948 — Hautes eaux près du pont national ; pastel.

VAUVERT (Mlle ADRIENNE DE), née à Paris, élève de Marie Lapène.

Maisons-Laffitte.

949 — Vierge d'après Quentin Matsys; porcelaine.
950 — Grisaille d'après Chaplin ; porcelaine.

VAUZANGES (LOUIS MARIE), né à Tulle (Corrèze), élève de Humbert, Gervex et Saintpierre.

Paris, boulevard des Batignolles, 66.

951 — La pêche ; aquarelle.

(*Voir* PEINTURE).

VILLAIN (GEORGES), né à Paris, élève de Benjamin Constant.

Paris, rue d'Amsterdam, 77.

952 — Enfants regardant une aveugle tricoter ; aquarelle.

(*Voir* PEINTURE).

WESTFELT (INGEBORG), né à Stockholm.

1re Méd. Arcachon. — 2e Méd. Versailles.

Paris, rue de la Grande-Chaumière, 8.

953 — Vincenza ; pastel.

(*Voir* PEINTURE).

SCULPTURE.

CHATROUSSE (Emile), né à Paris, élève de Rude.

Méd. Paris 1863, 1864, 1865. — ✻ 1879. — H. C.

Paris, boulevard Raspail, 253.

954 — La lecture ; statuette terre cuite.

CECIONI (Adriano).

Paris, rue Folie-Méricourt, 53.

955 — Lutte acharnée ; bronze argenté.

CLAUDET (Max).

Paris, rue Folie-Méricourt, 53.

956 — Tricoteuse ; bronze argenté.

CRANNEY-FRANCESCHI (Mme Marie Jeanne), née à Paris, élève de son père.

M. H. Paris 1889.

Ercheu (Somme).

957 — Portrait de Mlle M. L. ; buste cire.

DESCAT (Mme HENRIETTE), née à Carnières (Nord), élève de Longepied et Leroux.

M. H. Paris 1883, 1884. — M. H. E. U. 1889. — Méd. Amiens.

Paris.

958 — Premier amour ; groupe plâtre.
959 — Pudeur ; statuette bronze.
960 — Tête de fillette ; terre cuite.

DOUAY (MARC CHRISTOPHE ALEXANDRE), né à Cambrai (Nord), élève de l'Académie de Cambrai.

Cambrai, rue du Petit-Séminaire, 16.

961 — Bergère ; statue bronze.

DUBRAY (VITAL GABRIEL), né à Paris, élève de Ramey.

Méd. 3e cl. 1884. — ✲ 1857. — O. ✲ 1865. — H. C.

Paris, boulevard Murat, 99.

962 — Un incroyable ; bronze.
963 — Une Incroyable ; bronze.

ESCOULA (JEAN), né à Bagnères-de-Bigorre.

Méd. 3e cl. Paris 1881. — Méd. 2e cl. Paris 1882. — Méd. 1re cl. E. U. 1889.

Paris, rue de Vaugirard, 195.

964 — Eglantine ; buste terre cuite.

FONTAINE (EMMANUEL), né à Abbeville, élève de Jouffroy et Falguière.

M. H. Paris 1887. — 2e Méd. Amiens.

Paris, impasse du Maine, 11.

965 — Réduction du monument de l'amiral Courbet; plâtre durci.
966 — Figure principale du monument de l'amiral Courbet ; plâtre durci.

FOSSÉ (ATHANASE), né à Allonville (Somme).

Méd. argent et or Amiens. — Méd. 3e cl. Paris 1882. — Méd. de bronze E. U. 1889.

Paris, rue Chevert, 15 *bis* ; *Amiens, rue St-Leu*, 6.

967 — Portrait de M. G. de B. ; buste terre cuite.
968 — Portrait de Mlle A. J. ; buste terre cuite.
969 — Portrait de M. F. ; buste bronze.
970 — Arlequine ; statuette plâtre.
971 — La nuit du 4.

L'enfant avait reçu deux balles dans la tête.
Victor HUGO.

972 — Condorcet ; esquisse plâtre.

FRANCESCHI (JULES), né à Bar-sur-Aube, élève de Rude.

Méd. 1861, 1864, 1869. ✻ 1874.

Paris, rue de Larochefoucauld, 17.

973 — Portrait de M. Sardou ; buste marbre.
974 — Portrait de Mme Worms-Baretta, de la Comédie française ; buste plâtre.

FRESNAYE (Mlle MARIE), née à Marenla, élève de Maindron et Chapu.

M. H. Paris. — Méd. or et argent Amiens. — Méd. or et vermeil Boulogne-sur-mer.

Marenla (Pas-de-Calais).

975 — Enfant aux raisins ; statue plâtre.
976 — Naïade ; bas-relief terre cuite.

GERMAIN (JEAN-BAPTISTE), né à Fismes (Marne), élève de Gumery et Dumont.

3e Méd. Paris.

Paris, rue de la Santé, 32.

977 — Jeanne d'Arc ; bronze argenté.
978 — Printemps ; bronze.

LEDUC (ARTHUR JACQUES), né à Torigny-sur-Vire (Manche).

Méd. 3e cl. Paris 1879. — Méd. argent E. U. 1889.

Paris.

979 — Le premier occupant ; bronze.
980 — Cheval libre ; bronze.

LE ROY (HIPPOLYTE), né à Liège (Belgique), élève de Canneel et Falguière.

Méd. or et argent Amsterdam, Berlin, Nice, Le Hâvre, Paris, Gand, Cologne, etc.

Gand et Rome.

981 — Héro ; statue plâtre.

(*Voir* PEINTURE).

LOISEAU-ROUSSEAU (PAUL), né à Paris, élève de Th. Barrau.

1re Méd. Versailles 1889.

Paris, rue Notre-Dame-des-Champs, 28.

982 — Colombine ; statuette bronze.

MAISSIN (HIPPOLYTE), né à Paris, élève de Léon Cogniet.

Abbeville, rue Millevoye, 44.

983 — Portrait ; médaille en plâtre.

(*Voir* DESSINS).

MALACAN (JEAN), né au Mas-Saintes-Puelles (Aude), élève de Malacan.

Plusieurs méd. en province.

Béziers.

984 — Perdraux surpris ; terre cuite.
985 — Cailles ; panneaux terre cuite.
986 — La malice ; buste terre cuite.

MARTINO (P.)

Paris, rue Folie-Méricourt, 53.

987 — Canot échoué ; bronze.

PICART (Théodore René Auguste), né au Quesne.

Roiglise.

988 — Deux panneaux en bois : Notre Seigneur et la Sainte-Vierge.

QUIRINO (Tempra), né à Rome, élève de l'Académie de Milan.

Méd. Paris 1879, Cologne 1889.

Milan, Bastioni di Porta Volta, 15.

989 — Premier reproche ; buste en marbre.

ROZE (Albert), né à Amiens, élève de l'Ecole des Beaux-Arts d'Amiens et Thomas.

Méd. argent Amiens. — Méd bronze Amiens.

Paris, rue Dubot, 3.

990 — Portrait de feu M. Duthoit (pour son tombeau) ; médaillon en marbre.
991 — Sainte-Cécile ; bas-relief en marbre.

WHAGEN (Arthur), né à Memel (Prusse).

M. H. Paris 1861.

Paris.

992 — Kabyle ; bronze.

AMIENS. IMPRIMERIE PITEUX FRÈRES.

62

www.ingramcontent.com/pod-product-compliance
Ingram Content Group UK Ltd.
Pitfield, Milton Keynes, MK11 3LW, UK
UKHW020249250726
13967UKWH00004B/1579

9 782012 947214